Maurice Blumenthal

ANTIGOS TEXTOS MAÇÔNICOS E ROSACRUZ

Título original:
Antiguos textos Masónicos y Rosacruzes

© Publicado em 2013 pela Editora Isis.

Supervisor geral: Gustavo L. Caballero
Revisão de textos: Isaias Zilli
Capa: Equipe técnica Editora Isis
Diagramação: Décio Lopes

DADOS DE CATALOGAÇÃO DA PUBLICAÇÃO

Blumenthal, Maurice
Antigos Textos Maçônicos e Rosacruzes/Maurice Blumenthals | 2ª edição | São Paulo, SP | Editora Isis, 2013.

ISBN: 85-88886-24-3

1. Maçônaria 2. Rozacruz 3. Sociedades Secretas I. Título.

Proibida a reprodução total ou parcial desta obra, de qualquer forma ou por qualquer meio seja eletrônico ou mecânico, inclusive por meio de processos xerográficos, incluindo ainda o uso da internet sem a permissão expressa da Editora Isis, na pessoa de seu editor (Lei nº 9.610, de 19.02.1998).

Direitos exclusivos reservados para Editora Isis

EDITORA ISIS LTDA
www.editoraisis.com.br
contato@editoraisis.com.br

Sumário

1. A Rosa-Cruz 7
2. A Fama Fraternitatis 11
3. Confessio Fraternitatis 37
4. Cartas Rosacruzes 53
5. A Maçonaria e suas origens 115
6. Relação com a Rosa-Cruz 121
7. O Manuscrito Cooke 125
8. O Manuscrito Regius 143
9. O Manuscrito Iñigo Jones 175

A Rosa-Cruz

Recebe o nome de Rosa-Cruz uma irmandade secreta de pesquisadores espirituais que se desenvolveu na Alemanha ao redor do século XVII (ainda que haja indícios de que 300 anos antes, já existiam notícias de certos "Irmãos da Rosa-Cruz". A primeira manifestação pública da Rosa-Cruz como escola constituída, aconteceu em Paris, quando, em 1623, apareceram fixados nas paredes alguns anúncios que diziam:

> "Nós, delegados do colégio principal dos irmãos da Rosa-Cruz, viemos visível e invisivelmente a esta cidade, pela graça do Altíssimo a que se voltem os corações dos Justos, a fim de libertar os homens, nossos semelhantes, de erro mortal. Ensinamos sem livro, nem máscara a falar qualquer tipo de língua dos países em que queremos estar, para libertar os homens, nossos semelhantes, dos erros da morte... assessoramos a todos aqueles que desejem entrar em nossa Sociedade e Congregação, ensinando-lhes

o perfeito conhecimento do Altíssimo. Advertimos ao leitor que conhecemos seus pensamentos, que se sua vontade é ver-nos unicamente por curiosidade, nunca se comunicará conosco, mas se sua vontade o leva realmente a inscrever-se no registro de nossa Confraria, nós, que julgamos os pensamentos, fá-lo-emos ver a verdade das nossas promessas. Não damos o endereço da nossa morada, já que os pensamentos unidos à vontade real do leitor serão capazes de fazer com que nos conheça e com que o conheçamos."

Muitos consideraram que se tratava de uma falha, mas, segundo o escritor Serge Hutin, naquela época, atribuía-se aos irmãos da Rosa-Cruz, a posse de segredos como a transmutação de metais, o prolongamento da vida, o conhecimento do que ocorre em lugares distantes e a aplicação da ciência oculta na descoberta dos objetos, mais escondidos.

Conforme a lenda forjada bem anteriormente, a sociedade Rosa-Cruz pretendia que o poder do homem sobre a natureza e sobre si mesmo chegaria a ser infinito, que a imortalidade e o controle de todas as forças naturais estavam ao seu alcance e que tudo o que passa no universo pode ser conhecido. "O que no Ocidente se chamou de Rosa-Cruz, a partir do século XIV e que recebeu outras denominações em outras épocas, em outros lugares... não é uma associação qualquer, é a coletividade dos seres que alcançaram um mesmo estado, superior ao da humanidade comum, um mesmo grau de iniciação efetiva... Por esta razão, não tem outro lugar de reunião que não seja o 'Templo do Espírito Santo' que está em todas as partes".

Os rosacruzes condenavam ao mesmo tempo o poder terreno do papa como o do Islão, não obstante, reconhecessem a soberania do imperador germânico. Promulgavam a caridade universal, desprezando o ouro e as riquezas materiais. Com a petição do rei Luís XIII, da França, Gustavo Naudé (1600-1653), bibliotecário e pessoa de confiança do cardeal Richelieu, realizou uma investigação sobre a ordem, expondo na sua informação que "os Irmãos da Rosa-Cruz exercem a medicina de forma gratuita, reúnem-se uma vez por ano, realizando uma assembléia secreta. Sustentam que a doutrina que seguem é a mais sublime que se possa imaginar, que são piedosos e sábios em supremo grau, que sabem, por revelação, quais são os dignos de estarem entre eles, que tão-somente, em virtude dos seus cantos, são capazes de conseguir pérolas e pedras preciosas, que consideram o Papa como o anticristo e que reconhecem a autoridade do imperador dos romanos..." Acredita-se que figuras importantes do Renascimento pertenceram à Ordem Rosa-Cruz, entre eles Paracelso, Klunrath, Francis Bacon, Michel Maïer, Robert Fludd, Comenius, René Descartes e Thomas Vaughan.

Como disse, porém, Julio Peradejordi, "os verdadeiros rosacruzes, que não se deve confundir com os rosacruzes do século XVII, e menos ainda com os atuais, permaneceram sempre no anonimato. Se algum dentre eles teve um papel importante na história guardou-se bem para não apresentar-se como Rosa-Cruz. Como os *sufies*, no esoterismo islâmico, os rosacruzes autênticos não utilizaram nunca em público este título". René Guénon é taxativo: "Se alguém declarou-se como Rosa-Cruz ou Sufi, pode-se afirmar, sem necessidade de examinar as coisas mais profundamente, que realmente não o era". Afirmação suficientemente clara para que se dê conta de que são, no fundo, os rosacruzes atuais que se anunciam na imprensa. Por outra lado é inegável que houve, nas origens dos rosacruzes, uma colaboração entre iniciados das duas posições esotéricas: a cristã e a islâmica, e que esta colaboração continuaria realizando-se, sob outras formas, já que sua razão de ser é precisamente manter os laços entre as iniciações do Oriente e do Ocidente.

Nove anos antes que a cidade de Paris se surpreendesse com os mencionados cartéis, havia aparecido em Kassel, um curioso opúsculo intitulado *Fama Fraternitatis*. Na realidade, quase tudo o que sabemos das origens da Rosa-Cruz procede deste livro, onde se encontra a narração da vida de Christian Rosenkreutz. Como veremos mais adiante, este personagem, que na realidade é simbólico, esteve em contato com o mundo islâmico. Isto levou muitos autores a verem uma origem islâmica na Fraternidade Rosa-Cruz. A *Fama Fraternitatis* alude a uma fraternidade secreta fundada por Christian Rosenkreutz que, ao longo das suas viagens pelo Oriente muçulmano, obteve a revelação dos segredos da *"ciência harmônica universal"*. Baseando-se nestes ensinamentos, concebeu um plano para reformar filosófica, religiosa, artística, científica, política e moralmente o mundo.

A Fama Fraternitatis

A *Fama Fraternitatis* foi publicada pela primeira vez pelo editor Wesse, no ano de 1614, em Kassel, ainda que se acredite que já tenha circulado profusamente antes, em forma de manuscrito. Seu título completo era: *"Reforma comum e geral da totalidade do vasto mundo, seguido da Fama Fraternitatis da louvável ordem Cruz da Rosa, dirigida a todos os sábios e chefes da Europa. Assim como uma breve resposta de M. Haselmayer, que, por esta causa, foi detido e encarcerado pelos jesuítas e condenado às galeras. Agora publicada, impressa e enviada a todos os corações fiéis da Europa"*. Este título vinha precedido por um esboço em que se via uma serpente enrolada sobre uma âncora. O termo latino *fama* designa um rumor público, uma voz geral.

O breve texto da *Fama Fraternitatis* está precedido de um prefácio *"ao informado e compreensível leitor"*, em que se expõem as idéias principais da doutrina Rosa-Cruz.. "A sabedoria, sopro do poder Divino e raio da magnificência do Altíssimo, é para os homens um poder infinito." "Nosso pai, Adão, possuía, antes da queda, este tesouro em sua totalidade e graças a ele pôde nomear os animais do campo e os pássaros do céu que o Senhor pôs diante dele." "A triste queda no pecado perdeu esta jóia magnífica da sabedoria e propagou a orgulhosa escuridão e incompreensão pelo mundo". Não obstante, Deus revelou-se em instantes a seus amigos. O sábio rei Salomão dá-nos testemunho deste fato: por sua oração, aplicada a sua aspiração, acedeu à sabedoria de modo a conhecer como foi criado o mundo, a força dos elementos, o meio e o final dos tempos, como começa e acaba o dia, como se transformam as estações, como evolui o ano etc." "Todo cristão há de ser um verdadeiro jesuíta, ou seja, há de caminhar, viver, ser e permanecer em Jesus." "Aqui está o verdadeiro rubi real, a nobre, brilhante pedra vermelha da qual, se conta, produz nas trevas um resplendor luminoso que é um medicamento perfeito para todos os corpos, que transforma os metais em ouro puro, que deixa para trás todas as enfermidades, angústias, penas e tristezas dos homens." O texto segue comentando o sacramento da Eucaristia, comparando os ensinamentos da Bíblia com os de Platão, Aristóteles e Pitágoras e arremetendo-os contra "aventureiros e malandros" que inutilmente tentam fabricar ouro.

Desde os parágrafos iniciais, a *Fama Fraternitatis* apresenta-se como um porta-voz de um cristianismo gnóstico que pretende ir muito mais fundo do que o catolicismo de Roma.

Através desta introdução, muito ao estilo da época, passa a narrar a vida do irmão C. R. (Christian Rosenkreust). O grande êxito da *Fama* deveu-se em parte a que, naqueles tempos, os relatos utópicos eram muito freqüentes, pelo que ninguém em seu perfeito juízo, pôde pensar que C. R. houvesse existido como personagem em carne e osso, captando todos os seus leitores o caráter alegórico e simbólico do texto. Ainda que fosse publicado como obra anônima, especulou-se a possibilidade de que seu autor, e também da *Confessio*, tenha sido Johan Valentin Andreae (1586-1654)[1] a quem se atribui a autoria da famosa obra *Bodas Químicas de Christian Rosenkreuts*. Certamente há em ambas as obras idéias e frases idênticas às que figuram nos opúsculos de Andreae. Seja como for, a *Fama* é considerada como o documento Rosa-Cruz chave e o que desencadearia todo o movimento Rosa-Cruz moderno.

---

1. Juntamente com a Fama Fraternitatis e a Confessio, as Bodas Químicas constituem a trilogia básica que gerou todo o movimento rosacruciano dos tempos modernos. A melhor edição espanhola desta obra é, sem dúida, a publicada pelas Edições Obelisco (*As Bodas Alquímicas de Christian Rosacruz*, Barcelona, 2004).

Fama Fraternitatis Ad Rosae Crucis

ou A Descoberta da Ilustre Ordem dos Rosacruzes - 1614.

I

Aos governantes, às congregações e aos homens de ciência da Europa. Nós, homens da Fraternidade da Rosa-Cruz dispensamos nossas orações, outorgamos nosso amor e saudamos cortesmente a todos os que leiam nossa *Fama* com uma intenção cristã. Durante estes últimos tempos, pela sabedoria dos seus desígnios e sua graça singular, Deus derramou a bondade dos seus dons sobre o gênero humano com tanta prodigalidade que o conhecimento da natureza, assim como o de seu Filho, não cessou de aumentar, pelo que podemos orgulhar-nos dos tempos felizes em que vivemos.

Não apenas foi descoberta a metade do mundo desconhecido e oculto, mas também o Senhor nos proporcionou inumeráveis obras e criaturas naturais, estranhas e desconhecidas até agora. Favoreceu o nascimento de espíritos de grande sabedoria cuja missão foi a de restabelecer a dignidade da arte parcialmente manchada e imperfeita para que o homem acabe compreendendo a nobreza e a magnificência que lhe são próprias, seu caráter de microcosmos e a profundidade com que esta sua arte possa penetrar a natureza.

Tudo isso, porém, é considerado, pela frivolidade do mundo, como de escassa utilidade. As calúnias e as burlas não cessam de crescer. Os homens de ciência encontram-se imbuídos de uma arrogância e de um orgulho tais que se negam a reunir-se para fazer um cômputo das inúmeras revelações com que Deus gratificou os tempos em que vivemos através do livro da natureza ou da regra de todas as artes. Cada grupo combate os outros antigos dogmas e, em vez da luz clara e manifesta, prefere o Papa, Aristóteles, Galeno e tudo o que se parece com uma coleção de leis e instruções, quando, sem nenhuma dúvida, estes mesmos autores teriam o sumo prazer de revisar seus conhecimentos, se vivessem. Não obstante, ninguém está à altura de tão elevadas palavras, e o antigo inimigo, em que pese a forte oposição da verdade em teologia, em física e nas matemáticas, manifesta abundantemente sua astúcia e sua raiva entorpecendo uma evolução tão formosa, mediante o espírito de fanáticos e de vagabundos. Nosso falecido pai, Frei C. R., espírito religioso elevado, altamente iluminado, alemão, chefe e fundador da nossa Fraternidade, consagrou esforços intensos e prolongados ao projeto de reforma universal. A miséria obrigou seus pais, ainda que nobres, a pô-lo no convento com a idade de quatro anos. Ali adquiriu o conhecimento de duas línguas: latim e grego. Também viu burladas suas incessantes súplicas e preces na flor da sua juventude: foi confiado a um irmão que havia feito o voto de ir em peregrinação ao Santo Sepulcro. Ainda que este irmão não visse Jerusalém, pois morreu em Chipre, nosso frei C. R. não retrocedeu; pelo contrário, embarcou para Damcar, com a intenção de visitar Jerusalém, partindo dessa cidade.

Durante o tempo em que se viu obrigado a prolongar sua permanência em Chipre, forçado pelo cansaço, ganhou o favor dos turcos, graças à sua apreciada experiência na arte de curar. Ouviu comentários, por acaso, a respeito dos sábios de Damcar, na Arábia, das maravilhas que eram capazes de realizar e das revelações que haviam sido feitas sobre a natureza toda. Esse rumor incendiou o elevado espírito de Fr. C. R., que então pensou menos em Jerusalém do que em Damcar. Não podendo conter seus desejos, pôs-se a serviço de senhores árabes que, mediante uma certa quantia, deveriam conduzi-lo a Damcar. Quando chegou, tinha apenas 16 anos, ainda que fosse um moço desenvolvido. Se acreditarmos no seu próprio testemunho, os sábios não o acolheram como um estrangeiro, mas como alguém cuja chegada já esperavam há muito tempo. Chamaram-no pelo seu nome e, diante de sua surpresa, constantemente renovada, mostraram-lhe que conheciam numerosos segredos do convento onde havia estado. Do convívio com eles, aperfeiçoou-se em língua árabe, até o ponto em que pôde traduzir em bom latim, ao cabo de um ano, o livro M, que depois conservou. Ali adquiriu seus conhecimentos de física e das matemáticas pelos quais seria justo que o mundo se felicitasse, se houvesse mais amor e a inveja fora menor. Depois de três anos, retornou e provido de bons salvo-condutos, franqueou o golfo arábico, deteve-se no Egito o tempo necessário para aperfeiçoar suas observações da flora e das criaturas, atravessou o Mediterrâneo em todos os sentidos e, finalmente, chegou aonde lhe haviam indicado os árabes, a Fez.

Não devemos envergonhar-nos diante destes sábios que vivem tão longe de nós? Desprezam os escritos difamatórios e sua harmonia é perfeita, ainda mais, revelam e confiam seus segredos graciosamente e com boa vontade. Os árabes e os africanos reúnem-se cada ano para examinar as diferentes artes, para saberem se fizeram melhores descobertas e para averiguar se as hipóteses foram depreciadas pela experiência. Os frutos que cada ano produzem, destas discussões, servem para o progresso das matemáticas, da física e da magia, que são as especialidades da gente de Fez. Hoje, não faltam, na Alemanha, homens de ciência: magos, cabalistas, médicos e filósofos. Queira Deus que desejem atuar por amor ao próximo e que a grande maioria não deseje monopolizar tudo para si! Em Fez teve contato com o que costumam chamar de habitantes elementais, que lhe confiaram numerosos segredos. Se, entre nós, os alemães, reinasse um entendimento semelhante e se nossas experimentações se caracterizassem pela maior seriedade possível, poderíamos, de modo semelhante, dar a público uma parte do nosso saber. Com freqüência, suspeitou que a magia dos habitantes de Fez não era pura por completo e que sua religião também havia maculado a cabala. Não obstante, soube tirar disso um grande proveito, que afirmou ainda mais sua fé na presença concordante da harmonia no universo, harmonia que marca com seu maravilhoso selo *periodis seculorum* (a passagem dos séculos). Concluiú à síntese seguinte: do mesmo modo que qualquer semente contém por inteiro a árvore ou o fruto que aparecerá no momento oportuno, o microcosmos encerra íntegro o grande número. A religião, a política, a saúde, os membros da natureza, a língua, a palavra e os atos do microcosmos estão em acordo musical e melódico com Deus, com os Céus e com a Terra. Tudo o que contradiz esta tese é errôneo, falsidade, obra do demônio, causa última e primeiro instrumento da confusão, da cegueira e do estado néscio deste mundo.

Bastaria que qualquer um examinasse todos os homens desta terra sem faltar um, para averiguar que o que está bem e o que é certo sempre se encontra em harmonia consigo mesmo, enquanto que, ao contrário, tudo o que disto se aparta está manchado por uma multidão de opiniões errôneas.

II

Após uma permanência de dois anos em Fez, Fr. C. R. partiu para a Espanha, levando numerosos objetos preciosos no seu equipamento. Já que sua viagem lhe havia resultado tão proveitosa, alimentava a esperança de que os homens de ciência da Europa o acolheriam com alegria profunda e, a partir de então, fortaleceriam todos os seus estudos sobre tão seguras bases. Discutiu também com os sábios da Espanha, sobre as imperfeições das nossas artes, sobre os remédios que havia de aplicar-lhes, sobre as fontes das quais se poderiam extrair sinais seguros concernentes aos tempos vindouros e sobre sua necessária concomitância com o passado, sobre os caminhos a seguir para a correção das imperfeições da Igreja e de toda a filosofia moral. Ensinou-lhes sobre plantas novas, frutos e animais novos que a antiga filosofia não determinara. Pôs à disposição uma axiomática nova que permite resolver todos os problemas. Entretanto, todos o julgaram ridículo. Como se tratasse de assuntos desconhecidos, temeram que a sua grande reputação ficasse comprometida, assim como sentir-se obrigados a voltar a começar seus estudos e a confessar seus inveterados erros a que estavam acostumados dos quais tiravam benefícios suficientes.

Era a mesma litania que outras nações entoaram. Seu desencanto foi grande, porque não esperava, em absoluto, uma acolhida semelhante e porque estava então disposto a transmitir com terna dedicação, todas as suas artes aos homens de ciência, pelo pouco que estes tenham se esforçado por encontrar uma axiomática precisa e infalível, estudando os diversos ensinamentos científicos e artísticos da natureza inteira. A referida axiomática deveria orientar-se por seu centro Único, como uma esfera e como era costume entre os árabes, apenas os sábios deveriam servir-se dela como regra. Assim pois, era preciso fundar na Europa uma sociedade que possuísse bastante ouro e pedras preciosas para emprestá-los aos reis e que também se encarregasse da educação dos príncipes, que conheceriam tudo o que Deus permitiu saber aos homens para que, em caso de necessidade, pudessem, estes, dirigir-se a ela, como os pagãos aos seus ídolos. Devemos, em verdade, confessar que o mundo embarazado, na época, com uma grande perturbação, sentia as dores do parto: engendrava heróis gloriosos e infatigáveis que rompiam violentamente as trevas e a barbárie, enquanto nós, débeis como éramos, não podíamos, senão, odiá-los. Estavam no vértice do triângulo de fogo, cujas chamas aumentavam seu resplendor incessantemente e que, sem dúvida, provocará o último incêndio que consumirá o mundo.

Esta foi então a vocação de Paracelso, que, ainda que não aderira à nossa fraternidade, foi um leitor assíduo do livro M, no qual soube iluminar e aguçar seu engenho. Não obstante, também foi dificultado pela barafunda tumultuosa dos homens de ciência e dos néscios; nunca pôde expor em paz suas meditações sobre a natureza, até o ponto em que gastou mais espaço das suas obras em denegrir os insolentes e desavergonhados que a manifestar-se inteiramente. Não obstante encontramos nele, em profundidade, a harmonia de que acabamos de falar e que, sem dúvida, teria comunicado aos homens de ciência, pelo pouco que os houvesse encontrado dignos de uma arte superior à das observações sutis. Abandonando o mundo à loucura dos seus prazeres, esqueceu-se de si mesmo, numa vida de liberdade e de indiferença.

Voltemos ao Fr. C. R., nosso pai bem-amado: que após realizar inúmeras e difíceis viagens, distribuindo diligentes ensinamentos, freqüentemente com maus resultados, voltou à Alemanha cuja transformação era iminente e que deveria transformar-se em campo de batalha de uma luta prodigiosa e comprometida. Neste país, sua arte e principalmente o conhecimento que tinha das transmutações metálicas teriam podido proporcionar-lhe uma grande glória. Considerou, porém, que o Céu e seu cidadão, o homem, eram ali de um interesse altamente superior a qualquer pompa. Construiu uma ampla e confortável morada na qual meditou sobre as viagens e sobre a filosofia, com a finalidade de compor um memorial preciso. Diz-se que uma boa parte do tempo em que ali permaneceu ocupou-o nas matemáticas e que fabricou uma grande quantidade de formosos instrumentos aplicados aos diferentes aspectos da referida arte mas a maior parte deles se perderam. Falaremos mais adiante dos poucos que restaram. Ao final de cinco anos, voltou a pensar na tão desejada reforma. Como era de espírito constante, decidido e inesgotável e como carecia de qualquer tipo de ajuda, decidiu tentá-la por si mesmo na companhia de um pequeno grupo de adeptos e colaboradores.

Com este objetivo, convidou três dos seus irmãos do primeiro convento, pelos quais alimentava uma estima particular: G.V., Fr.I. A, e Fr. I.O ,os quais haviam adquirido, além do mais, uma experiência nas artes, superior a normal, na época. Fez com que os três contraíssem, com ele, um compromisso supremo de fidelidade, diligência e silêncio e solicitou-lhes que anotassem por escrito, com o maior cuidado, todas as instruções que lhes transmitisse, para que os membros futuros, cuja admissão deveria efetuar-se posteriormente, graças a uma revelação particular, não fossem enganados absolutamente em nada. Assim, pois, estas quatro pessoas fundaram o primeiro núcleo da fraternidade Rosa-Cruz.

Os pronunciamentos, dotados de um amplo vocabulário, serviram para compor a língua e a escritura mágicas que continuamos manejando para glória e honra de Deus e onde bebemos uma sabedoria profunda. Também eles compuseram a primeira parte do livro. Não obstante, estavam sobrecarregados de trabalho e muito preocupados diante do incrível afluxo de enfermos, pelo que, uma vez terminada sua nova morada que posteriormente se chamou do Espírito Santo, decidiram ampliar sua sociedade e irmandade. Escolheram como novos membros o primo-irmão de Fr. Rosa-Cruz, um pintor de talento, Fr. B., G. C. e P. D., como secretários, todos os de nacionalidade alemã, salvo I. A, no total oito membros solteiros, com voto de virgindade. Deviam compor um volume em que se registrassem todos os anelos, desejos e esperanças que os homens pudessem alimentar. Sem que ponhamos em dúvida os notáveis progressos que o mundo realizou durante um século, estamos convencidos da imutabilidade da nossa axiomática até o juízo final. O mundo não verá nada mais, inclusive na sua última e suprema idade, porque nossos ciclos começam com o Fiat Divino e acabam-se com o Perat, ainda que o relógio Divino registre cada minuto, apesar das dificuldade que tenhamos para marcar as horas. Do mesmo modo, temos a firme convicção de que se nossos pais e irmãos bem amados puderam aproveitar a viva luz que hoje nos banha, foi mais fácil para eles vapular o Papa, Maomé, os escribas, os artistas e os sofistas, em vez de recorrer aos suspiros e aos desejos fúnebres para manifestar as fontes do seu engenho. Quando nossos oito irmãos dispuseram tudo de maneira tal que não tiveram mais trabalhos especiais e quando cada um compôs um tratado completo sobre a filosofia revelada e sobre a filosofia secreta, decidiram não seguir juntos por mais tempo. Assim pois e, como haviam combinado no princípio, dispersaram-se por todo o país, não apenas para que os homens de ciência pudessem submeter sua axiomática a um estudo secreto mais profundo, mas também para que pudessem informá-los sobre se tais ou quais observações haviam originado erros em uso em algum outro lugar.

III

Seus sinais de reconhecimento eram os seguintes:

1. Proibição de exercer profissão alguma exceto a cura de enfermos a título benévolo;
2. Proibição de obrigar a levar hábitos especiais reservados para a irmandade: do contrário, deveriam adaptar-se aos costumes do lugar;
3. Obrigação de cada irmão apresentar-se no dia C. na morada do Espírito Santo, ou de explicar os motivos da sua ausência;
4. Obrigação para cada irmão de buscar uma pessoa de valor que pudesse vir a sucedê-lo caso necessário;
5. As letras R. C. deveriam servir-lhes de selo, sigla e emblema;
6. Durante um século a irmandade tinha que permanecer secreta.

Juraram fidelidade mútua aos seis artigos e cinco irmãos puseram-se a caminho, ficando junto a Fr. C. somente B. e D.. Quando após um ano, estes também partiram, vieram juntar-se a ele I. O. e seu primo, de modo que durante toda a sua vida foi assistido por duas pessoas. E por mais descuida que estivesse a Igreja, sabemos, não obstante, o que pensava a respeito, assim como o objeto das suas esperanças e anelos. Cada ano tornavam a encontrar-se com alegria e relatavam exaustivamente suas tarefas: sem dúvida, momentos cheios de encanto os de ouvir o relato verídico e sem artifício de todas as maravilhas que Deus não deixou de derramar pelo mundo. Seguramente que o encontro destas pessoas, escolhidas entre os espíritos mais sutis de cada século, é obra da máquina celeste em seu conjunto, e certamente viveram entre eles e em meio à sociedade na mais perfeita concórdia, em discrição total e o mais caritativamente possível. Suas vidas transcorreram nestas atividades louváveis e, ainda que seus corpos estivessem isentos de toda dor e enfermidade, suas almas não puderam sobrepassar o limite pre-determinado da desagregação. O primeiro membro da comunidade que morreu foi I. O., na Inglaterra, como ele predissera, há vários anos, Fr. C. Era de uma erudição particularmente profunda e muito versado na cabala, como testemunha sua obra H. Sua fama na Inglaterra era grande, sobretudo porque curou a lepra de um jovem conde de Norfolk.

Ainda que cada posto fosse ocupado por um sucessor de valia, os irmãos haviam decidido ocultar a localização de sua sepultura, o que explica porque ainda hoje ignoramos onde alguns se encontram enterrados. Atitude pela qual, em honra a Deus, queremos testemunhar publicamente que, ainda que possamos imaginar a forma e constituição do mundo inteiro, ignoramos, não obstante e este é também o ensinamento secreto do Livro I, de onde extraímos isso, tanto o infortúnio que nos ameaça como a hora da nossa morte. Deus, em sua grandeza instruiu-nos que estejamos preparados constantemente, questão que trataremos mais explicitamente na nossa *Confessio*. Nela enunciaremos também os trinta e sete motivos pelos quais revelamos agora nossa fraternidade, oferecendo livre, espontânea e graciosamente os mistérios tão profundos e a promessa de mais ouro do que subministram as duas Indias ao rei da Espanha; pois a Europa está prenha e vai dar à luz um saudável rebento o qual seus padrinhos cobrirão de ouro. Depois da morte de O., o Fr. C. não interrompeu suas atividades: tão rápido como pôde, convocou os demais membros e parece-nos provável que sua tumba fora construída na sua época, ainda que os mais jovens ignorassem por completo, até então, a data da morte do nosso pai bem amado, R. C., e se apenas soubéssemos os nomes dos fundadores e de todos que o sucederam até nós, guardávamos, não obstante, na memória um mistério que nos confiou A., sucessor de D. e último representante da segunda geração que conviveu com muitos de nós, em enigmáticos discursos sobre os 100 anos. Confessamos também que, após a morte de A., ninguém obteve a menor informação sobre R. C. e seus primeiros irmãos, salvo o que sobre eles se encontra em nossa Biblioteca Filosófica, entre outras obras na "Axiomática" para nós capital, nos "Ciclos do Mundo", a obra de maior sabedoria, e em "Proteu", a mais útil. Assim, não sabemos, com certeza, se os representantes da segunda geração possuíram a mesma sabedoria que os da primeira, e se tiveram acesso a todos os mistérios. Contudo, relembramos ao leitor generoso que foi Deus quem preparou, aprovou e ordenou o que aprendemos aqui mesmo sobre a sepultura de Fr. C. e que agora proclamamos publicamente. Com tanta fidelidade o seguimos, que de modo algum temores revelar, numa obra impressa, tudo o que desejam saber de nós, dos nossos nomes de pia batismal, nossos pseudônimos, nossas assembléias, na condição de que, em contrapartida, nos abordem com seriedade e que as respostas sejam cristãs.

Eis aqui, portanto, a relação verídica e completa do descobrimento do mui iluminado homem de Deus, Fr. C. R.. Depois da bem-aventurada morte de A., na Gália narbonense, sucedeu-lhe nosso bem-amado irmão N. N. Quando se nos apresentou para prestar o solene juramento de fidelidade e de silêncio, relatou confidencialmente que A. havia assegurado o que segue: a fraternidade não continuará sendo secreta: dentro de pouco serviria necessária e gloriosamente em nossa pátria comum, a nação alemã. Na sua posição, a notícia não o confundiu. Como era um bom arquiteto, no ano seguinte, quando terminou suas tarefas e se lhe apresentou a ocasião de iniciar uma viagem, abastecido com um viático respeitável e com a bolsa de um favorecido da Fortuna, pensou em restaurar e modernizar a morada. Enquanto realizava este trabalho, interessou-se por umas placas de cobre amarelo, onde estavam gravados os nomes de todos os membros da fraternidade e diversas outras inscrições. Quis transladá-las sob outra cúpula mais ampla, pois os antigos haviam mantido segredo, tanto do lugar e da data da morte de Fr. C., como, posteriormente, de sua sepultura, razão pela qual, não sabíamos nada sobre ela. Bem, a referida placa continha um enorme prego, maior que os outros. Quando o arrancaram, puxando com força, arrastou uma pedra talhada primorosamente, que se desprendeu do fino revestimento, mostrando uma porta de cuja existência ninguém suspeitara antes. Com alegria e ansiedade deixamos o que restara do gesso e em seguida limpamos a porta em cujo umbral apareceram os seguintes caracteres em grande formato: *Post CXX Annos Patebo*" (serei aberto dentro de 120 anos), seguido das cifras do ano. Demos graças a Deus e interrompemos nosso trabalho, pois desejávamos consultar primeiro nossa obra sobre os Céus (pela terceira vez remetemos à nossa *Confessio*, pois estas revelações beneficiarão os que são dignos delas e, se Deus quiser, pouco servirão aos que não o sejam. De fato, da mesma maneira como nossa porta foi aberta de forma maravilhosa ao final de tantos anos, também deverá abrir-se outra porta na Europa quando se derrubar o revestimento: muitos são os que a esperam com impaciência.

IV

Pela manhã abrimos a porta e apareceu uma sala abobadada em forma de heptaedro. Cada lado tinha sete pés de comprimento e sua altura era de oito pés. Ainda que os raios do sol nunca chegassem a ela, estava iluminada por outro sol copiado sobre o modelo do primeiro que se encontrava todo no alto, no centro do teto. Como sepulcro, haviam levantado no meio da sala um altar em forma de círculo, com uma placa de cobre amarelo que trazia esse texto:

A. C. R. C. Hoc universi compendium minus mihi sepulcrum feci.
A . C. R. C. Quando em vida, concedi-me por sepulcro esta quintessência do universo.

O primeiro círculo que servia de orla apresentava em seu contorno:

Jesus mihi omnia - Jesus é meu tudo.

A parte central continha quatro figuras encerradas num círculo e cobertas pelas seguintes inscrições:

1. *Ne quaquam Vacuum.* "O vazio não existe."
2. *Legis Iugum.* "O jugo da lei".
3. *Libertas Evangeli.* "A liberdade do Evangelho."
4. *Dei gloria intacta.* "A glória do Senhor é intangível."

O estilo destas inscrições, assim como o dos sete painéis laterais e o das duas vezes sete triângulos que figuravam nelas, era claro e puro.

Ajoelhamo-nos todos de uma só vez para dar graças a Deus, único em sua sabedoria, em seu poder e em sua eternidade e cujos ensinamentos, bendito seja Deus, são superiores a todas as invenções da razão humana. Dividimos a sala abobadada em três partes: o teto ou céu, a parede ou flancos e o solo ou pavimento. Não diremos agora nada do céu, salvo que seu centro luminoso estava dividido em triângulos, orientados para os sete lados (mais vale, se Deus quiser, que os vejais com vossos próprios olhos, vós que esperais a salvação). Cada parede estava subdividida em dez campos quadrangulares, coberta cada uma de figuras e sentenças particulares que reproduziremos com o maior cuidado e precisão possíveis em nossa obra *Compendium*. Quanto ao solo, também estava dividido em triângulos, que por representar o reino e os poderes do déspota inferior, não pode ser revelado ante o receio de que o mundo impertinente e pagão abuse deles (quem, pelo contrário, está em harmonia com a percepção celeste, esmaga sem temor nem dano a cabeça da velha serpente do mal, tarefa que corresponde ao nosso século). Cada lado ocultava uma porta que abria um cofre, contendo diversos objetos: todos os livros que possuímos e, além do mais, o *Vocabulário* de Teoph. P. ab Ho e diferentes escritos que não deixamos de difundir lealmente, entre outros seu *Itinerário* e sua *Vida*, fonte principal, esta última, de tudo o que a precede. Outro cofre continha espelhos de múltiplas propriedades, campainhas, lâmpadas acesas, compêndios de cantos maravilhosos, tudo disposto de tal maneira que, se a ordem ou fraternidade inteira viesse a desaparecer, poder-se-ia reconstituir tudo, ainda que passassem vários séculos, sobre a única base desta sala abobadada. Não obstante, ainda não havíamos visto os despojos mortais do nosso velho pai, tão meticuloso, prudente e reflexivo. Assim que deslocamos o altar e levantamos uma grossa placa de cobre, vimos um corpo perfeito e glorioso, todavia intacto, sem o menor vestígio de decomposição e semelhante por completo ao retrato que o representava engalanado com todos os seus adornos e vestimentas. Tinha na mão um livro de pergaminho com letras de ouro, chamado T., nosso mais apreciado tesouro depois da Bíblia e que não convém submeter à opinião do mundo de maneira imprudente. O epílogo do livro continha o seguinte panegírico:

> *Granum pectori Iesu insitum. C. Ros. C. ex nobili etque splendida germaniae R.C. familia oriundus. Vir sui seculi divinus rebelationibus, subtilissimis imagionationibus, indefessis, laboribus, ad coelestia atque humana mysteria, arcanane admisus, postquam suam (quam Arabico et africano itineribus) collegerat, plusquam regiam aut imperatoriam Gazam, suo seculo nondum convenientem, posteritati eruendam custodivisset, et iam suarum artium, ut et nominis, fidos ae coniunetissimos haeredes, instituisset, mundum minutu, omnibus motibus magno illi respondentem fabricasset, hocque tandem praeteritarum, praesentium et futurarum rerum compendio extracto, centenario maoir, non morbo (quem ipse nunquam corpore expertus erat, nunquam alios, infestare sinebat) ullo pellente, sed Spiritu Dei evocante, illuminatam animan (inter fratrum amplexus et ultima oscula) Creatori Deo reddidisset, Pater dilectissimus, amicus interrimus, a suis ad CXX annos hic absconditus est.*

"Semente enterrada no coração de Jesus, C∴ Ros∴ C∴ era o descendente da nobre e gloriosa família germânica dos R∴ C∴ O único do seu século que, iluminado pela revelação divina, dotado da mais refinada imaginação e de um ardor inesgotável no trabalho, teve a sorte de aceder ao conhecimento dos mistérios e arcanos do céu e do homem. Após ter sido o guardião de um tesouro mais que real e mais que imperial que reuniu durante suas viagens pela Arábia e pela África e para o qual o seu século não estava ainda preparado (pertence à posteridade revelar o seu sentido); depois de ter formado herdeiros fiéis e leais a suas artes e ao seu nome; após acabar um resumo de todas as coisas já passadas, presentes e futuras, com mais de cem anos e sem que nenhuma enfermidade o obrigara (protegia o próximo contra ela e nunca seu corpo foi atacado por ela), foi chamado pelo Espírito Santo e entregou sua alma iluminada a Deus seu criador em meio aos abraços e os últimos beijos dos seus irmãos. Durante 120 anos esteve oculto neste lugar, pai muito amado, o mais doce dos irmãos, preceptor fidelíssimo, amigo íntegro."

Abaixo haviam assinado todos os seguintes irmãos:

Fr. I∴ A∴
Fr. C∴ H∴ ELECTIONE FRATERNATIS CAPUT
    (chefe dos eleitos da fraternidade)
Fr. G∴ V∴ M. P. G.
Fr. F∴ R∴ C∴ IUNIOR MOERES SANCTIS SPIRITUS
    (o mais jovem herdeiro do Espírito Santo)
Fr. F∴ B∴ M∴ P. A. PICTOR ET ARCHITECTUS
    (pintor e arquiteto)
Fr. G∴ G∴ M∴ P. I. CABALISTA

Secundi Circuli (Segundo círculo)

Fr. P∴ A∴ *Succesor* (sucessor)
Fr. I∴ O∴ *Mathematicus* (matemático)
Fr. A∴ *Successor* (sucessor) Fr. P∴ D∴
Fr. R∴ *Successor patris* C∴ R∴ C∴ *Cum christo triumphatis* (sucessor do Pai C. R C. com o Cristo triunfante)

Tudo se acaba nas seguintes palavras:

Ex deo nascimur
(nascemos de Deus)

In iesu morimur
(morremos em Jesus)

Per spiritum sanctum reviviscimus
(pelo Espírito Santo revivemos)

Nesse tempo já haviam desaparecido, o Fr. O. e o Fr. D. Onde se encontram suas sepulturas? Não há nenhuma dúvida de que o mais velho dos irmãos foi objeto de cuidados especiais no momento da sua morte e que também tem uma sepultura oculta. Esperamos, do mesmo modo, que o exemplo que demos estimulará outros a que busquem e investiguem com mais zelo os nomes que revelamos precisamente para a mencionada finalidade, assim como para que encontrem os lugares onde estão enterrados.

Quase todos eles foram célebres e apreciados entre as antigas gerações pela sua arte médica e podem contribuir para aumentar nosso tesouro ou, pelo menos, para que o compreendamos melhor. Quanto ao *Minutum Mundum*, nós o encontramos conservado em outro altar de pequeno porte, cuja beleza não pode ser imaginada por nenhum homem razoável, a qual não reproduziremos enquanto não se tenha testemunhado confiança em nossa Fama.

Em seguida, tornamos a colocar a placa no seu lugar, cobrindo-a com o altar e fechamos a porta e nela colocamos todos os nossos selos, antes de decifrar algumas obras, baseando-nos nas orientações do nosso tratado sobre os ciclos (entre outras, no livro de M., que serve como tratado de economia doméstica e cujo autor é o doce e querido Fr. M. P., no local da conversação interna.).

Depois, conforme nosso costume, dispersamo-nos novamente, abandonando nossos tesouros a seus herdeiros naturais e esperando a resposta, o juízo e o veredicto dos sábios e dos ignorantes sobre nossas revelações. Ainda que seguramente reconheçamos a amplitude da reforma geral divina e humana que não apenas satisfará nossos desejos como também a esperança de outros homens, não é mau que o sol, antes de sair, projete no céu uma luz clara ou escura, não é mau que alguns se dêem a conhecer e se reúnam para promover nossa fraternidade com seu número e com o prestígio do cânon filosófico que desejava e que ditou Fr. R. C., ou inclusive para desfrutar humildemente e com amor nossos inalienáveis tesouros, suavizando assim, as misérias deste mundo e utilizando as maravilhas divinas sem tanta cegueira.

Não obstante, para que cada cristão possa apreciar nossa piedade e nossa integridade, confessamos publicamente a certeza em Jesus Cristo nos termos claros e nítidos com que tem sido proclamada na Alemanha, nestes últimos tempos, e como a mantêm e a defendem, hoje, algumas províncias célebres, contra os fanáticos, os heréticos e os falsos profetas. Do mesmo modo celebramos os dois sacramentos instituídos pela primeira Igreja reformada, com as mesmas fórmulas e as mesmas cerimônias. Em assuntos de governo, reconhecemos como nosso regente e como regente dos cristãos a IV Monarquia. A pesar do nosso conhecimento, das mudanças que se preparam e o desejo profundo que nos anima de comunicá-las aos que estão instruídos por Deus, este é o nosso manuscrito, o que possuímos. Nenhum homem nos porá fora da lei, nem nos entregará aos indignos, sem a ajuda do Deus único.

Sustentaremos em segredo a boa causa, conforme Deus nos permita ou nos proíba, pois nosso Deus não é cego como a fortuna dos pagãos, é o tesouro da Igreja, a honra do templo. Nossa filosofia não é nova; coincide com a que herdou Adão, depois da sua queda, e com a que praticaram Moisés e Salomão. Não deve pôr em dúvida, nem refutar teorias diferentes. Porque a verdade é única, sucinta, sempre idêntica a si mesma; porque, em consonância com Jesus em todas as suas partes e em todos os seus membros, é a imagem do Pai, igual a Jesus em seu retrato; é falso afirmar que: *"Hoc per Philosophiam verum est, sed per Theologiam falsum."* (O que é verdade em filosofia não é certo em teologia.)

O que estabeleceram Platão, Aristóteles ou Pitágoras; o que confirmaram Enoque, Abraão, Moisés e Salomão, ali, onde a Bíblia coincide com o grande livro das maravilhas, corresponde e descreve uma esfera ou um globo em que todas as partes estão a igual distância do centro, ciência da qual trataremos com mais detalhe e com mais amplitude na Coleção cristã. O grande êxito atual da arte ímpia e maldita dos fazedores de ouro incita uma multidão de velhacos que escaparam da forca a cometer grandes canalhices, abusando da boa-fé e da ingenuidade de numerosas pessoas. Algumas delas estão honestamente convencidas de que a transmutação metálica é o mais alto ponto da filosofia e seu resultado e que há de consagrar-se a isto, porque a fabricação de grandes massas de lingotes de ouro agrada a Deus especialmente (esperam conquistar um Deus cuja onisciência penetra todos os corações, mediante rezas irrefletidas e com fisionomias sofredoras e derrotadas). O que proclamamos a este respeito é o seguinte: estas concepções são errôneas. Os verdadeiros filósofos consideram que a fabricação do ouro não é senão um trabalho preliminar de escassa importância, tão-somente um Acréscimo, um a mais dentre os milhares que têm de realizar, a maior parte deles de bastante importância. Repetimos os dizeres do nosso pai bem amado C. R. C.: *"Pfuh, aurum, nisi quantum aurum!"* (Uf! Ouro, nada mais que ouro!)

Aquele diante de cujos olhos se abre a natureza inteira não se alegra em poder fazer ouro para, conforme palavras de Cristo, engordar os diabos. Alegra-se ao ver como o céu se desvela, como sobem e baixam os anjos do Senhor e com que seu nome esteja inscrito no Livro da Vida. Igualmente testemunhamos que, no terreno químico, publicaram-se livros e imagens que mancham a glória de Deus. No seu devido tempo daremos a conhecer e elaboraremos um catálogo deles aos corações puros. Suplicamos aos homens de ciência que redobrem seu comportamento prudente ao lerem estas obras: o inimigo não cessa de semear sua cizânia até que encontre o mestre que o expulse. Assim, pois, conforme o parecer do Fr. C. R. C., dirigimos a seguinte súplica aos discípulos e também a todos os homens de ciência europeus que leiam nossa *Fama*, traduzida em seis idiomas, e também a *Confessio* latina: que submetam sua arte a um exame extremamente preciso e rigoroso e que estudem cuidadosamente os tempos modernos antes de comunicarem em obras impressas o resultado das suas meditações individuais ou comuns; que meditem com espírito reflexivo o pedido que lhes dirigimos. Ainda que atualmente não tenhamos indicado nem nosso nome, nem onde se encontra nosso consistório, é certo que nos chegará a opinião de todos, seja qual for a língua em que esteja redigida. E que todos os que indicarem seus nomes conversarão, sem falta, com cada um de nós a viva voz, ou se tiverem dúvidas, por escrito. Pelo contrário, também declaramos o que segue: quem mantiver a nosso respeito uma atitude cordial e séria se beneficiará disto em corpo e alma; no entanto, quem tiver um coração falso ou rapace se acabará numa miséria extremamente profunda e não nos causará nenhum mal. É preciso que nossa morada, ainda que cem mil homens a possam contemplar de perto, continue sendo eternamente virgem, intacta e zelosamente oculta aos olhos do mundo ímpio.

SUB UMBRA ALARU TUARUM, IEHOVA
(Na sombra das tuas asas, Jeová.)

Confessio Fraternitatis

A o ano seguinte da publicação da *Fama Fraternitatis*, aparece, ao mesmo tempo em Kassel e em Frankfurt, a *Confessio*, o segundo livro básico da literatura Rosa-Cruz. Anônimo como o anterior, esse livro exala a mesma exaltação mística e apocalíptica que se podia apreciar na *Fama Fraternitatis*, apoiando-se amiúde na astrologia e apresentando alguns nexos evidentes com a Cabala. Uma das idéias mais curiosas que encontramos nele denota um profundo conhecimento do esoterismo cabalístico, é que os caracteres ou letras que Deus incorporou na Santa Bíblia, também estão nitidamente impressos na maravilhosa criatura que são o Céu e a Terra. Adivinhamos aqui que a Bíblia é um símbolo, uma série de arquétipos do *Liber Mundi* a que aludia a *Fama Fraternalis*. Segundo seu autor, o objetivo da *Confessio* é completar a *Fama Fraternalis*, "preencher suas lacunas", "formular em melhores termos as passagens algo insondáveis". Devemos, portanto, considerar esta obra um complemento da anterior. O aspecto apocalíptico da *Fama Fraternalis* também se encontra na *Confessio*, que oferece a felicidade de um século que goza da intervenção divina, opondo-se ao atual que se caracteriza pela falsidade, pela mentira e pelas trevas. Trata-se do fim do mundo cantado nas diferentes evocações apocalípticas, mas aqui não aparece tão terrível como no Apocalipse de São João. Melhor, é "um novo amanhecer". O autor da *Confessio* exorta apaixonadamente seus discípulos à "leitura aplicada e permanente da Santa Bíblia", já que o verdadeiro Rosa-Cruz faz do Livro Sagrado "a regra de ouro da sua existência", o "objetivo e termo dos seus estudos" e "o resumo e a quintessência do mundo inteiro" (Cap.X).

Estas breves apreciações serão suficientes para que o leitor compreenda o êxito da Rosa-Cruz numa época em que a Igreja mostrava tanta intolerância. O ódio que pode chegar a ser dirigido aos rosacruzes é, não obstante, completamente lícito se pensarmos que, diante de algum adepto verdadeiro que professara estas doutrinas, encontramo-nos com um sem-fim de grupelhos, mais ou menos isolados, que, movidos por sua fantasia, orgulhosamente se acreditavam rosacruzes, sem sê-lo na realidade. Os três livros fundamentais do Rosa-Cruz ofereciam um acúmulo de doutrinas e idéias que permitiriam aos ávidos de esoterismo formar grupos de estudos, baseando-se nessas obras, grupos de estudo e de pesquisa que mais tarde deram lugar às associações e fraternidades de pesquisadores que mais tarde se intitulariam rosacruzes. Estas pessoas, na sua imensa maioria, bons cristãos que desejavam aprofundar-se no aspecto oculto da sua religião, não seriam nunca bem-vistos pelas autoridades eclesiásticas. Conforme Guenon, a aparição pública dos rosacruzes coincidiu, de certo modo, com seu desaparecimento. "O que se torna público, envilece", sábia máxima do hermetismo, poderia aplicar-se aqui à famosa fraternidade Rosa-Cruz.

Confessio Fraternitatis ad Rosae Crucis

Os rumores e as revelações sobre nossa irmandade ou confraria que chegaram a muitos ouvidos e cuja origem se encontra na publicação precedente da Fama, não devem ser tidos nem considerados por ninguém como um fruto que brote de nosso capricho. Atualmente, o mundo está no ponto de alcançar seu estado de repouso, antes de caminhar com pressa para um novo amanhecer, uma vez acabado seu período e seu ciclo. Jeová, nosso Senhor, é quem inverte o curso da natureza.

É ele quem revela atualmente aos que não lhe prestam atenção o que nem sequer pensam naquilo cuja busca antes custara grande trabalho e um labor infatigável. É ele quem o oferece graciosamente aos que manifestam, seu desejo, por vezes é também quem obriga os refratários. Deseja que os homens piedosos se vejam aliviados das fadigas desta vida humana e livres das tempestades provocadas pela inconstância da fortuna: que os malvados aumentem e acumulem sua malignidade e os castigos que esta merece.

Como poderíamos nós ser suspeitos de heresia, de manobras e de conspirações culpáveis contra a autoridade civil, quando condenamos os sacrilégios de que é objeto Nosso Senhor Jesus Cristo e de que são culpáveis tanto no Oriente como Ocidente (entendamos Maomé e o Papa) e quando apresentamos e dedicamos nossas orações, nossos mistérios e nossos tesouros ao chefe supremo do império romano?

Pareceu-nos, não obstante, bom e oportuno, com respeito aos homens de ciência, completar nosso resumo, formulando em termos melhores, as passagens demasiado insondáveis e obscuras da *Fama* e também preenchendo as lacunas que determinadas intenções justificavam. Com isto esperamos ganhar a estima dos homens de ciência e acrescentar a adesão e seu consentimento ao projeto que acariciamos.

No que respeita à conversão e emenda da filosofia, explicamos suficientemente, tanto como hoje é necessário, que o corpo inteiro da referida filosofia está inteiramente doente e é totalmente deficiente. Mais ainda: não oferece a menor dúvida, aos nossos olhos, as numerosas afirmações que lhe atribuem uma saúde e uma força cuja origem ignoro. Vive seus últimos momentos. Aproxima-se sua partida.

Não obstante, do mesmo modo que é habitual que, por exemplo, a natureza invente um remédio contra uma enfermidade nova e insólita na própria morada onde a adquiriu, é aqui que se revelam e surgem da terra os antídotos contra a multidão de males e acessos de que padece a filosofia. São os únicos bens e que são suficientes a nossa pátria, os únicos que podem permitir à filosofia que recupere sua saúde, confirmando-lhe, por assim dizer, uma aparência e um brilho radicalmente novo aos olhos de um mundo cuja renovação é iminente.

Não possuímos outra filosofia senão a que é a regente e suprema, o fundamento e a substância de todas as faculdades, de todas as ciências, de todas as artes. Filosofia que, sob a ótica do nosso século, alimenta-se muito da teologia e da medicina, mas pouco da sabedoria jurídica. Em resumo: filosofia que elucida e disseca o homem até a saciedade, somente ao homem. Filosofia, pois, na qual encontrarão mais maravilhas e mistérios que nunca puderam adquirir, elucidar, admitir como dogma, todos os homens de ciência que respondam às nossas exortações e se comprometam com nossas coortes.

Agregamos, para desvelá-lo em poucas palavras, nosso pensamento, que o objeto de todos os nossos esforços não deve ser unicamente provocar a surpresa diante da sugestão e da exortação que lançamos. É preciso que cada qual saiba que, pese a alta estima em que temos os arcanos e segredos tão profundos, não nos parece contrária à justiça sua divulgação, sua compreensão e sua publicidade ampla.

De fato, é legítimo pensar e crer que uma oferta gratuita e inesperada como a nossa suscitará reflexões tão múltiplas como variadas entre os que ainda (já que o curso do mundo obriga a considerar o futuro como presente) não gostaram da revelação das maravilhas do sexto tempo, e aos que todo tipo de contratempos, próprios da nossa época, impedem deambular e viver neste mundo de outra maneira senão como cegos, que, inclusive em plena luz do dia, dispõem apenas do tato e das apalpadelas para distinguir-se e conhecer-se.

Conforme o artigo primeiro, sustentamos que as meditações, as indagações e as investigações do nosso bem amado pai cristão, devidas tanto à revelação e à iluminação divinas, como aos ofícios dos anjos e dos espíritos, à atividade de uma inteligência perspicaz e a uma observação, uma prática e uma experiência de longo alcance, substituem tudo o que a inteligência do homem inventou, produziu, modificou, propagou e perpetuou desde os primeiros dias do mundo até a época atual. Ainda que desaparecessem todos os livros e ainda quando o julgamento de Deus, o Todo-Poderoso, decretasse a ruína de todos os escritos, de toda a literatura, sua excelência, seu esplendor e sua grandeza, são suficientes para servir à posteridade como novos fundamentos para edificar castelos novos ou novas fortalezas da verdade. O que não deveria oferecer muitas dificuldades na condição de que se começara por desmantelar e abandonar o velho edifício, tão disforme, para alargar a esplanada de entrada, perfurar janelas nos apartamentos, transformar as portas, as escadas e demais coisas que pensamos fazer.

Por que não preparar a tarefa mencionada como ornato original destes tempos futuros cujo anuncio foi feito? Quem seria suscetível a que não lhe conviesse uma semelhante empresa?

Por que não encontrar uma sinecura doce ao coração, a morada, nesta única verdade que os homens buscam através de tantos labirintos e rodeios, se aprouve a Deus reservar-nos a iluminação, a luz do sexto candelabro? Não seria bom não ter que inquietar-se mais por nada, nem ter que recear a fome, a pobreza, a enfermidade, nem a idade?

Não seria delicioso poder viver cada hora como se houvésseis vivido a história do mundo, desde suas origens até nossos dias e como se estivésseis destinados a seguir vivendo até o seu fim?

Não seria maravilhoso habitar num lugar tal que os povos que vivem nas Índias, além do Ganges, não pudessem dissimular suas riquezas, nem os peruanos privá-los de seus conselhos?

Não seria coisa deliciosa poder ler num livro que lhes fosse permitido ler, compreender e reter o fruto nunca descoberto, e para sempre por descobrir, de todos os livros que existiram e que estão por vir e aparecer? Que fascínio não experimentaríeis, vendo que vosso canto atrai a vós, não as rochas, mas apenas as pérolas e as pedras preciosas, embeleza não as bestas ferozes, mas os espíritos, põe em movimento e faz vibrar, não o inferno de Plutão, mas os poderosos, os príncipes deste mundo?

Oh! homens! Bem diferente é o desígnio de Deus que decidiu aumentar e acrescentar o número de membros da nossa fraternidade.

Notícia que acolhemos com uma alegria semelhante á que experimentamos quando, no passado, fomos depositários de tesouros que nem havíamos merecido, nem esperado, nem exigido em absoluto. Parecido ao que sentimos quando pensamos em pormos a obra com uma constância que não quebrantarão nem sequer a compaixão e a comiseração por nossos próprios filhos, de que são dotados certos membros da nossa fraternidade. É que sabemos que estes bens inesperados não são legado de herança alguma nem devidos a nenhuma primazia. Não temos nada contra aquele que se queixa de nossa discrição, de que ofereçamos a quem quer que seja nossos tesouros sem a menor distinção, de que neste assunto não preferimos em absoluto a pessoa piedosa, de ciência, sábios, ou inclusive as altas pessoas principescas, sobre o homem da rua. Sua causa não é vil nem má. Não obstante pretendemos rotundamente que nossos arcanos e nossos mistérios não alcancem nunca o comum dos homens, apesar de que a *Fama*, editada em cinco línguas, seja conhecida por todos. Sabemos muito bem que de uma parte, os espíritos vulgares, néscios e estúpidos a depreciam, ou melhor, não se preocupam o mínimo com ela; que não é uma solicitude humana a que nos ajuda a apreciar e reconhecer a dignidade dos postulantes a nossa fraternidade, mas a regra das nossas iluminações e revelações. Em conseqüência, ainda que os gritos e o clamor dos indignos sejam mil vezes repetidos, ainda que se ofereçam e se apresentem mil vezes a vós, Deus quis que nossos ouvidos não escutem a nenhum e além do mais, sua nuvem abrigou-nos à sua sombra para que nenhum de nós, seus servidores, possa ser forçado ou obrigado. Ninguém, a menos que possua olhos de águia, pode ver-nos ou reconhecer-nos.

Se a *Fama* precisou ser redigida em todas as línguas conhecidas é para não subtrair nem arrebatar a referida ciência dos que Deus, por ignorantes que sejam, não excluiu da felicidade de uma confraria que deve ser subdividida e compartimentada em graus diferentes. Os habitantes de Damcar, na Arábia, têm uma polícia completamente diferente da de outros árabes porque são governados exclusivamente por espíritos sábios e racionais a quem o rei conferiu um poder legislativo particular. Por seu exemplo, estamos encarregados de organizar o governo na Europa (possuímos uma descrição dele estabelecida por nosso pai cristão), uma vez que se realize e se cumpra o que deve suceder anteriormente: quando ressoar publicamente o timbre claro, alto e forte da nossa trombeta; quando as predições, com rumores sobre um porvir que se pressagia mediante figuras e símbolos secretos, encherem a terra inteira, proclamados livre e publicamente. Vede como, nos tempos precedentes, numerosos espíritos cheios de Deus combateram secretamente, com grande prudência, a tirania do Papa até que a maior seriedade e um zelo ardente os arrojaram de sua sede e da Alemanha para pisoteá-lo em boa e devida forma. Em nosso tempo está reservada sua ruína definitiva; nossas garras o despedaçarão literalmente. A voz e o rugido de leão anunciarão o fim dos seus relinchos de asno. Acontecimentos cuja revelação e notícia já chegaram convenientemente aos ouvidos de vários homens de ciência alemães cujos escritos, parabéns e felicitações são um testemunho suficiente.

Poderíamos aqui mesmo pôr-nos a considerar, no seu conjunto, o tempo que passou, desde 1378, ano do nascimento do nosso bem amado pai Christian Rosenkreutz, até nossos dias. Também nos agradaria descrever as transformações do mundo de que foi testemunha durante os 106 anos da sua existência e as experiências de que nossos irmãos e eu fomos herdeiros, depois da sua bem-aventurada passagem. Entretanto, a concisão a que nos propusemos como objetivo não o permite atualmente, e remetemos para mais tarde uma exposição adequada. Basta atualmente, aos que não desdenham a nossa memória, que tenhamos roçado a descrição das vias que facilitam um estreitamento dos laços de parentesco que nos unem a eles. Certamente aquele a quem foi dado contemplar e aplicar, em seu ensinamento, as grandes letras e os caracteres que Deus, o Senhor, gravou sobre o edifício do céu e da terra e cuja renovação constante opera à medida que alternam os reinos, este já está muito próximo de nós, ainda que não o conheçamos. E sabemos que não desprezará nosso chamado, porque não temerá engano, pois há uma promessa da qual publicamente fazemos profissão: não devem frustar as esperanças daqueles que se apresentam a nós, aspirando a nossa comunidade sob o selo do silêncio.

Pelo contrário, o que dissemos e testemunhamos respeito dos malvados e dos hipócritas e daqueles que não têm outro objetivo senão a curiosidade, é isto: descobrir-nos, entregar-nos para perder-nos, mas ainda, forçar-nos a ir contra a vontade de Deus, é impossível. Ele é quem servirá como cimento para o castigo cujo anúncio é a *Fama*. Suas ímpias maquinações se voltarão contra os seus autores, e nossos tesouros permanecerão, pelo contrário, absolutamente invioláveis, até que o leão chegue para reivindicar, tomar e receber os tesouros que servirão para a consagração do seu reino.

É preciso que façamos agora, aqui mesmo, o seu anúncio exato e que permitamos ouvir a todos e a cada qual? Certamente Deus decidiu de uma maneira expressa, conceder e outorgar uma última vez ao mundo, cujo fim sobrevirá em breve, uma verdade, uma luz, uma vida e uma magnificência parecidas com a que perdeu e dilapidou no paraíso Adão, o primeiro homem, arrastando seus descendentes à miséria do repúdio e do exílio.

Será preciso que retrocedam e cessem todo servilismo e falsidade, toda mentira e trevas que furtivamente se infiltraram em todas as artes, em todas as obras, em todos os impérios humanos, para desordenar a grande esfera deste mundo e concorrer para seu obscurecimento quase total? Brota, como efeito disso, uma infinidade e uma multiplicidade de falsos juízos e de heresias, que quase lograram entravar o discernimento e o juízo dos mais sábios dos homens: o prestígio dos filósofos e dos homens de ciência contrabalanceiam a verdade experimental e a experimentação, criando dificuldades, retardando e extraviando seu juízo.

Quando tudo isso estiver abolido e subistituido pela exatidão de uma norma certa, será aos homens dedicados a esta tarefa, que convirá testemunhar a nossa gratidão. Não obstante, se deverá designar o conjunto desta obra à ventura do nosso tempo.

Do mesmo modo que nos agrada reconhecer os méritos de uma legião de espíritos excelentes cujos escritos são os promotores não medíocres da próxima reforma, não desejamos em absoluto atribuir-nos a honra exclusiva de uma obra supostamente remetida e confiada à nossa única iniciativa. Ou melhor, testemunhamos e professamos publicamente em nome de Cristo, nosso Senhor, que gritarão as pedras antes que venham a faltar os executores e agentes deste desígnio presente de Deus.

Deus, o Senhor, testemunhou já certamente sua vontade nos tempos precedentes mediante diversas mensagens, particularmente por vários astros novos que apareceram nos céus, nas constelações de Orion e de Cisne. Signos vigorosos de acontecimentos novos e importantes testemunham e publicam, aos olhos de todos, que Deus da, a todas as invenções humanas, o apoio de suas escrituras e dos seus caracteres misteriosamente ocultos para que o livro da natureza seja aberto a todos os homens e, não obstante, não possa ser lido nem compreendido senão por uma minoria.

Os homens possuem dois órgãos da audição, da vista e do olfato, mas apenas um da palavra. É inútil esperar e exigir que as orelhas falem, que os olhos distingam a voz e os sons. Paralelamente, podemos evocar séculos ou épocas que viram, outras que foram ouvidas e outras que foram degustadas. Fica ainda para a língua receber a honra que lhe é devida. Por fim, a língua há de falar do que tem sido visto, ouvido e cheirado. Agora que o tempo se reduz, quando o mundo digeriu a embriaguez bebida no cálice do veneno e a sonolência, e caminha diante do novo sol nascente com o coração aberto, a cabeça descoberta e os pés nus, na alegria e na ligeireza.

Estes caracteres e letras que Deus deixou de incorporar à Santa Bíblia imprimiu-os igualmente, com toda nitidez, na maravilhosa criatura que são Céu e Terra, e em todos os animais. Assim, do mesmo modo que um matemático e um astrónomo podem predizer muito tempo antes os eclipses que virão, nós podemos prever e reconhecer com precisão a natureza e a duração provável dos períodos de obscurecimento e de trevas que atravessa a igreja. A estas letras pedimos emprestadas nossas escrituras, que serviram de base para elaborar uma nova, que nos permite expressar e explicar a natureza de todas as coisas, simultaneamente. Por isso, nossa pouca sutileza no conhecimento de outras línguas não deve surpreender ninguém. Sabemos, não obstante, que não podem resistir à comparação com a língua do nosso primeiro pai, Adão, nem tampouco com a de Enoque, já que todas elas estão sepultadas sob a confusão babilônica. Não obstante, não podemos deixar de exortar que leiam aplicada e permanentemente a Bíblia, em que pesem algumas travas e obstáculos que ainda se levantam diante de nossos projetos. Que aquele que saiba satisfazer-se com isto saiba que se desembaraçou amplamente de obstáculos no caminho que o conduz a nossa fraternidade.

Ainda que nosso regulamento se resuma e se reduza a que todas as letras deste mundo, sem exceção alguma, sejam retidas e guardadas cuidadosamente na memória, os que fazem do único livro, a Santa Bíblia, a regra de sua existência são praticamente nossos semelhantes e parentes. Semelhantes nossos e parentes são eles que fazem da Santa Bíblia resumo e quintessência do mundo inteiro, objetivo e término de todos os seus estudos; os que sabem utilizá-la, não se contentando em tê-la sempre nos lábios, porém se não aplicam e consagram cuidadosamente a ela sua inteligência, adequada ao conjunto de períodos e idades deste mundo. Não entra pois, em nossos costumes, prostituir e nem vulgarizar a Santa Escritura, segundo o uso habitual das miríades de intérpretes, que a forçam a reproduzir seu próprio parecer, ou caluniá-la utilizando a odiosa comparação banal que serve tanto aos teólogos, aos filósofos, aos médicos e aos matemáticos.

Contra eles, testemunhamos e professamos em público que, desde os começos deste mundo, não existiu um livro superior, melhor, tão maravilhoso e salutar quanto a Santa Bíblia. Bem-aventurado seu possuidor, mas bem-aventurado ainda seu leitor assíduo, o cúmulo da felicidade para ele que consumou o seu estudo. Quem sabe compreendê-la não pode estar mais perto de Deus, nem ser mais parecido com Ele.

Acerca do juízo emitido pela *Fama* sobre os impostores em questão de transmutações metálicas e de medicina suprema neste mundo, é isso o que queremos dizer: não queremos em absoluto arruinar ou diminuir este dom Divino de semelhante excelência.

Não obstante, como nem sempre aporta ensinamentos e revelações suficientes sobre a transformação dos metais, sobre a medicina e sobre uma infinidade de outros mistérios e maravilhas naturais, pensamos que é justo consagrar o essencial dos nossos esforços a adquirir a compreensão e ciência da filosofia. Por isso deve evitar-se iniciar na pintura metálica os excelentes espíritos que não tenham uma boa prática anterior do conhecimento da natureza.

Quão insaciável pode ser a avareza de um homem que chegou a ser indiferente à pobreza, às contrariedades, às enfermidades, que inclusive, elevou-se acima da humanidade inteira até o ponto de dominar tudo o que tortura, angustia e martiriza as demais criaturas e a quem a presença de uma inesgotável mina de ouro e prata o leva a consagrar-se a ocupações vãs como construir casas, guerrear e até a vangloriar-se diante deste mundo!

Deus dispôs de outra maneira: eleva os humildes, humilhando e desprezando os orgulhosos. Confia nos Santos Anjos o cuidado de dialogar com os homens serenos e moderados em palavras, arrojando ao deserto e à solidão os charlatães fúteis. Este é o justo salário com que retribui ao sedutor romano que transborda de blasfêmias contra Deus e contra o Céu; o mesmo que, apesar de que, na Alemanha, tenha sido descoberta toda sua abominação e seu execrável inferno, se aferra à sua mentira em pleno dia até ao ponto de preencher a medida dos seus pecados e ficar pronto para o castigo. Virá um tempo em que a víbora cessará de sibilar e onde será abolida a tríplice coroa, tema de que trataremos mais particularmente e com pormenores quando se celebrar a nossa assembléia.

Ao término da nossa confissão, desejamos recordar diligentemente que convém proscrever a maioria, senão todas, as obras dos falsos alquimistas que, por gosto, passam o tempo a abusar inutilmente da santa e gloriosa Trindade, a enganar o público com figuras rocambolescas e propósitos obscuros e ocultos, exaurindo o dinheiro dos simples. Em nosso tempo há uma proliferação de livros desta classe. O inimigo do bem do homem os mistura ao bom grão, com a esperança de minguar o crédito da verdade. A verdade é nítida, simples e despida; a mentira, pelo contrário, é faustosa, imponente, majestosa, rodeada pela rara aureola que lhe emprestam a sabedoria divina e a sabedoria humana.

Homens sutis! Evitai e fugi destas obras; volvei para nós, que não queremos em absoluto o vosso dinheiro; pelo contrário, vos oferecemos graciosamente nossos grandes tesouros. Não corremos atrás dos vossos bens, inventado truques de charlatão; desejamos fazê-los participar dos nossos. Não lhes falamos por adágio, queremos iniciá-los numa interpretação, numa explicação, numa ciência dos segredos que seja clara, simples, absolutamente compreensível. Não procuramos sua acolhida, sua hospitalidade, nós os convidamos para nossas casas, que são mais que hotéis e palácios do rei. Sabeis que não agimos conforme nosso capricho; quem nos incita e nos exorta a isto é o espírito Divino e assim o dispôs nosso pai bem-amado no testamento inviolável que nos deixou, obrigando-nos a ele as condições e as intenções do século.

O que dizeis boa gente? Como vos sentis agora que compreendeis e sabeis que proclamamos a Cristo em toda pureza e inocência, que condenamos o Papa, servimos à verdadeira filosofia, levamos uma existência de cristãos, acolhemos e rezamos em nossa sociedade por muitos homens que também são testemunhas da luz de Deus? Não pensais iniciar-vos, por fim, ao nosso lado, para aspirar a melhorar-vos, para encontrardes a quietude diante de Deus e para acomodar-vos de bem com o século, levando em conta, não só os vossos dons interiores e a vossa própria experiência do Verbo de Deus, senão também uma meditação ativa sobre as imperfeições de todas as artes e sobre numerosas inconsciências? Fazei-o e tereis assegurado o proveito: sereis beneficiários e herdeiros de todos os bens que a natureza em sua maravilha derrama pelos quatro rincões do mundo. Rejeitareis sem dor tudo o que sombreia a inteligência do homem e põe obstáculos às suas atividades e apagareis deste mundo todos os excêntricos e todos os epiciclos.

Quanto aos presunçosos, aos que cega o brilho do ouro, ou antes, em que pese a piedade no seu presente, correm o risco de ver-se facilmente corrompidos pela atribuição imprevista de tantos bens e de serem incitados a entregarem-se à ociosidade e a lançar-se numa vida luxuriosa e de excessos, rogamo-lhes que não perturbem com sua barafunda intempestiva nossa calma recolhida e espiritual. Que se perguntem se a panacéia já pode existir e que pensem que sempre será inacessível, inabordável para aqueles aos quais o desígnio Divino mantém aqui, mesmo sob sua férula, afligindo-os de males. Paralelamente e adiante, enquanto formos capazes de dar ao mundo inteiro riqueza e ciência, de livrá-lo de inumeráveis calamidades, não desejamos em absoluto manifestar-nos, nem dar-nos a conhecer a ninguém, sem decreto Divino particular. Estamos afastados dele até um ponto tal, que inclusive não importa quem de nós é incapaz de participar e de desfrutar dos nossos benefícios contra a vontade de Deus. Quem quiser encontrar-nos perderia sua vida em pesquisas e averiguações antes de lográ-lo, antes de aceder e chegar à felicidade desejada da fraternidade da Rosa-Cruz.

Cartas Rosacruzes
de Karl von Eckartshausen

A obra de Karl von Eckartshausen exerceu uma notável influência no pensamento filosófico e teológico do século XVIII. Foi um autor muito prolífico, abarcando temas tão díspares como a arte, as ciências, o teatro, a política, a religião e a história, chegando a ser muito conhecido nos círculos esotéricos por seus trabalhos sobre alquimia e magia.

Era filho ilegítimo do conde Karl von Haimhausen e de Maria Anna Eckhart e nasceu no castelo de Haimhausen (Baviera) em 28 de junho de 1752. Dotado de uma sensibilidade fora do comum, sua vida foi influenciada, desde sua mais terna infância, pelo mágico e o sobrenatural. A partir dos sete anos teve sonhos e experiências muito importantes para sua vida interior, cuja interpretação lhe seria proporcionada por sonhos posteriores. De acordo com ele "a luz que conhecemos neste mundo decaído é apenas um reflexo, um empréstimo dos sentidos e pode conduzir ao conhecimento ou à ciência, mas nunca à sabedoria. A luz física percebida pelo homem não é a verdadeira, senão unicamente um símbolo de nossa pátria celeste". Para ele, todo o visível está intimamente ligado ao invisível por leis eternas, pois ambos constituem uma cadeia única, pela qual, na pura inteligência suprema, não há nem "acima", nem "abaixo", nem "dentro" nem "fora". Todas as coisas estão ligadas entre si por laços invisíveis. Inclusive a coisa mais diminuta tem sua importância, já que está em relação com o todo. A menor troca pode produzir as maiores conseqüências. Disso se originam a efetividade e o perigo da magia. "O mundo visível, com todas as sua criaturas, não é mais do que uma figura, uma sombra do mundo invisível; o exterior é o sinal do interior... O interior trabalha constantemente para manifestar-se no exterior."

Entre 1780 e 1783 dedicou-se ao trabalho como jurista, quando tentou plasmar seus ideais humanitários, especializando-se em criminologia. Como escreve seu biógrafo, Antoine Faivre: "Estas atividades influenciaram-no profundamente; em vez de endurecer seu coração, desenvolvem sua piedade, fazem dele um defensor dos fracos e oprimidos". Um dos muitos opúsculos que por aquele tempo pôs em letras de fôrma, trazia o título *Das origens dos delitos e da possibilidade de evitá-los*. Em 1780, Eckartshausen ingressou no Colégio da Censura e, trabalhando como censor, se encarregaria especialmente da revisão de obras sobre Direito e Literatura. Uns três anos depois, a corte ofereceu-lhe o cargo de arquivista secreto, posição muito bem remunerada que, além do mais, permitiu-lhe ler muito e ampliar ainda mais seus conhecimentos. Depois de uma dolorosa enfermidade, morreu no dia 13 de maio de 1803. A maioria dos seus escritos estão hoje esquecidos, sendo sua obra mais conhecida *A nuvem sobre o santuário*, publicada próxima a sua morte. As *Cartas Rosacruzes*, que reproduzimos a seguir, constituem um dos documentos mais apreciados pela maioria das organizações Rosa-Cruz da atualidade. Estas cartas tiveram, por muito tempo, o papel de *manual de iniciação* para os que iam integrar-se nas fileiras da Ordem e foram o guia espiritual básico de todo o iniciado no primeiro grau dos mistérios. Nelas, condensavam-se as noções básicas que todo neófito deveria aprender e levar à prática, se quisesse ascender com êxito aos graus da progressão mística. Definitivamente pode-se afirmar que o texto instruía nos mistérios aqueles que haviam sido escolhidos pela pureza do seu coração e sua potência espiritual. Por esta razão, talvez, o primeiro e mais importante conselho que se dá ao leitor é que, para ser *científico* é preciso ser previamente *virtuoso;* quer dizer que, para receber a luz da compreensão Divina é condição *sine qua non* haver penetrado nos domínios místicos. Sem compreender isto com o coração, não se pode iniciar a longa e tortuosa caminhada que é a transmutação do indivíduo.

Cartas Rosacruzes
de Karl von Eckartshausen

Carta I – Sabedoria Divina

Não tente estudar a mais elevada das ciências, se antes não decidiou entrar no caminho da virtude, porque aqueles que não são capazes de sentir a verdade, não compreenderão minhas palavras. Unicamente aqueles que entram no reino de Deus compreenderão os mistérios Divinos e cada um deles aprenderá a verdade e a sabedoria apenas na medida de sua capacidade para receber no coração a luz divina da verdade. Para aqueles cuja única vida consiste unicamente na mera luz da sua inteligência, os mistérios Divinos da natureza não serão compreensíveis, porque as *palavras* que a luz pronuncia não são ouvidas por suas almas; unicamente aquele que abandona seu próprio Eu pode conhecer a verdade, porque a verdade só é possível conhece-la na região do bem absoluto.

Tudo quanto existe é produto da atividade do espírito. A mais elevada de todas as ciências é aquela por cujo meio aprende o homem a conhecer o laço de união entre a inteligência espiritual e as formas corpóreas. Entre espírito e matéria não existem linhas de separação demarcadas, pois entre ambos os extremos apresentam-se todas as gradações possíveis.

Deus é Fogo, emitindo a Luz mais pura. Esta Luz é Vida, e as gradações existentes entre a Luz e as Trevas encontram-se fora da concepção humana. Quanto mais nos aproximamos do centro da Luz, tanto maior é a força que recebemos, e tanto maior o poder e atividade. O destino do homem é elevar-se até aquele centro espiritual de luz. O homem primordial era um filho daquela luz. Permanecia num estado de perfeição espiritual muitíssimo mais elevado que o presente, quando desceu a um estado mais material, assumindo uma forma corpórea e grosseira. Para ascender de novo à sua altitude primeira, tem que voltar atrás no caminho pelo qual desceu.

Cada um dos objetos animados deste mundo obtém sua vida e sua atividade graças ao poder do espírito; encontrando-se os elementos mais grosseiros regidos pelos mais sutis, e estes, por sua vez, por outros que ainda não são, até chegar ao poder puramente espiritual e Divino, e desse modo Deus influi em tudo e tudo governa. No homem existe um germe de poder Divino, germe que, desenvolvendo-se, pode chegar a converter-se numa árvore da qual colhem maravilhosos frutos. Este germe, porém, pode unicamente desenvolver-se graças à influência do calor que irradia em torno do centro flamejante do grande sol espiritual e à medida que, nos aproximamos da luz, é sentido este calor.

Do centro ou da causa suprema e original, irradiam continuamente poderes ativos, difundindo-se através das formas que sua atividade eterna produziu e destas formas irradiam outra vez, até a causa primeira, dando lugar com isto a uma cadeia ininterrupta, onde tudo é atividade, luz e vida. Havendo o homem abandonado a radiante esfera de luz, tornou-se incapaz de contemplar o pensamento, a vontade e a atividade do infinito em sua unidade, e atualmente só percebe a imagem de Deus numa multiplicidade de imagens variadas. Assim é que ele contempla Deus num número de aspectos quase infinito, mas o mesmo Deus permanece uno. Todas estas imagens devem recordar-lhe a exaltada situação que ocupou por algum tempo, a cuja reconquista devem tender todos os seus esforços. A menos que se esforce para elevar-se a maior altura espiritual, irá sumindo cada vez mais na sensualidade, e ser-lhe-á então muito mais difícil o retornar ao se estado primeiro.

Durante nossa vida terrestre atual encontramo-nos rodeados de perigos, e, para defender-nos, é bem pouco o nosso poder. Nossos corpos materiais mantêm-nos encarcerados ao reino do sensual e milhares de tentações lançam-se sobre nós todos os dias. De fato, sem a reação do espírito, a ação do princípio animal no homem rapidamente o arrastaria à lama sensual, onde sua humanidade desapareceria em último resultado. Não obstante, este contato com o sensual é necessário para o homem, pois proporciona-lhe a força sem a qual não seria capaz de elevar-se. O poder da vontade é o que permite ao homem elevar-se, e aquele a quem a vontade chegou a um tal estado de pureza que é una e a mesma com a vontade de Deus pode, inclusive, durante sua vida na terra, chegar a ser tão espiritual que contemple e compreenda em sua unidade o reino da inteligência. Tal homem pode levar a cabo qualquer coisa; porque, unido com Deus universal, todos os poderes da natureza são seus próprios poderes e nele se manifestarão a harmonia e a unidade do todo. Vivendo no eterno não se encontra sujeito às condições do espaço e tempo, porque participa do poder de Deus sobre todos os elementos e poderes que existam nos mundos visível e invisível e compartilha e goza da glória (consciência) do que é eterno. Dirijam todos os seus esforços a alimentar a terna planta da virtude que em seu seio cresce. Para facilitar seu desenvolvimento purifica sua vontade, não permita que as ilusões da sensualidade e do tempo o tentem e enganem; e cada um dos passos que dê no caminho que conduz à vida eterna, encontrará com um ar mais puro, com uma vida nova, com uma luz mais clara; e à medida que ascenda até o alto, aumentará a expansão do seu horizonte mental. A inteligência só nos conduz à sabedoria. O espírito conhece tudo e, não obstante, nenhum homem o conhece.

A inteligência sem Deus enlouquece, começa a adorar-se a si mesma e recusa a influência do Espírito Santo. Ah! Quão pouco satisfatória e enganosa é uma tal inteligência sem espiritualidade! Quão rápido perecerá! O espírito é a causa de tudo e quão breve cessará de brilhar a luz da mais brilhante das inteligências, uma vez abandonada pelos raios de vida do sol do espírito!

Para compreender os segredos da sabedoria não basta o especular e o inventar teorias a seu respeito. O que principalmente se necessita é sabedoria. Apenas aquele que se conduz sabiamente é na realidade sábio, ainda que não tenha recebido jamais a menor instrução intelectual. Para poder ver necessitamos ter olhos e não podemos prescindir dos ouvidos se queremos ouvir. Para poder perceber as coisas do espírito, necessitamos do poder da percepção espiritual.. É o espírito e não a inteligência quem dá a vida a todas as coisas, desde o anjo planetário até o molusco do fundo oceano. Esta influência espiritual sempre desce de cima para baixo e nunca ascende de baixo para cima; em outras palavras: sempre irradia do centro para a periferia, mas jamais da periferia para o centro. Isto explica porque, sendo a inteligência do homem apenas o produto ou o efeito da luz do espírito que brilha na matéria, não pode nunca elevar-se acima da sua própria esfera de luz que procede do espírito. A inteligência do homem será capaz de compreender as verdades espirituais. Unicamente com a condição de que sua inteligência entre no reino da luz espiritual. Esta é uma verdade que a grande maioria das pessoas de ciência e ilustradas não quererão compreender. Não podem elevar-se a um estado superior ao das esferas intelectuais criadas por elas mesmas, e consideram tudo o que se encontra fora delas como vagas idéias e sonhos ilusórios. Portanto, sua compreensão é obscura, em seu coração residem as paixões e não permitem a si o contemplar a luz da verdade. Aquele cujo juízo é determinado pelo que percebe com seus sentidos extremos não pode realizar as verdades espirituais. Um homem dominado pelos sentidos mantém-se preso ao seu Eu individual, o que é uma ilusão e naturalmente odeia a verdade, porque o conhecimento dela destrói a sua personalidade. O instinto natural do eu inferior do homem impulsiona-o a considerar-se a si mesmo como um ser isolado, distinto do Deus Universal. O conhecimento da verdade destrói aquela ilusão e, portanto, o homem sensual odeia a verdade. O homem espiritual é um filho da luz. A regeneração do homem e sua restauração ao seu primeiro estado perfeito, em que ultrapassa a todos os demais seres do Universo, depende da destruição e da remoção de tudo quanto obscurece ou encobre sua verdadeira natureza interna. O homem é, por assim dizer, um fogo concentrado no interior de uma casca material e grosseira. É seu destino o dissolver neste fogo as porções materiais e grosseiras (da alma) e unir-se novamente ao inflamável centro, do qual é como que uma centelha durante sua vida terrestre. Se a consciência e a atividade do homem encontram-se continuamente concentradas nas coisas externas, a luz que irradia da centelha divina do interior do seu coração vai debilitando-se pouco a pouco e finalmente desaparece. Se, porém, se cultiva e alimenta o fogo interno, destrói os elementos grosseiros, atrai outros princípios mais etéreos, torna o homem mais e mais espiritual e concede-lhe poderes Divinos. Não apenas muda o estado da alma (a atividade interna), muda também o estado receptivo mais perfeito para as influências puras e divinas e enobrece por completo a constituição do homem até que se converta no verdadeiro senhor da criação. A *sabedoria divina* ou "teosofia" não consiste em conhecer intelectualmente muitas coisas, em *ser sábio em pensamentos, palavras e ações*. Não pode existir nenhuma teosofia *especial,* nem cristã. A sabedoria em absoluto (Sabedoria Divina) possui qualificações. É o reconhecimento prático da verdade absoluta e esta verdade é somente UNA.

Carta II – O meio prático de aproximar-se da luz

Aquele que, por meio da gratificação dos desejos sensuais, tenta preencher o vazio que existe em sua alma, não o logrará nunca, nem tampouco podem os anelos que o coração experimenta em busca da verdade ser satisfeitos pela aplicação da inteligência às coisas externas. O homem não pode entrar na ponte da paz, enquanto não tiver vencido no seu interior, tudo quanto é incompatível com seu ego Divino e com suas aspirações.

Para obter esta vitória deve o homem tratar de aproximar-se da Luz, obedecendo à lei da Luz. O desejo para o sensual e o externo deve cessar nele, tem que dirigir sua visão espiritual para a luz e tratar de dissipar as nuvens que o separam dela... O primeiro e necessário passo, é Ter consciência de existe o germe Divino dentro de si mesmo, para dirigir o poder da vontade até aquele centro, para levar uma vida interna e para cumprir estritamente todos os deveres internos e externos.

Existe uma lei oculta de que não se fez freqüente menção nos escritos ocultos, mas que é todavia compreendida tão-somente por alguns poucos, que diz: "Cada uma das coisas daqui debaixo tem sua contrapartida lá em cima e nada existe, absolutamente nada, por insignificante que seja, que não dependa de algo que lhe corresponda muito mais acima; assim é que, se o inferior age, o superior reage a ele." Segundo esta lei, todo desejo, pensamento ou aspiração, bom ou mau, é seguido imediatamente de uma reação correspondente que procede do alto. Quanto mais pura é a vontade do homem e menos adulterada por desejos egoístas, tanto mais enérgica será a reação divina.

No homem, o propósito de progredir pela via espiritual não depende, de maneira alguma, dos seus próprios esforços; pelo contrário, quanto menos tente estabelecer leis por si mesmo, e quanto mais se submeta à lei universal, tanto mais rápidos serão seus progressos. O homem não pode, de maneira alguma, pôr sua vontade em jogo, em sentido diferente ao da vontade universal de Deus. Se sua vontade não é idêntica à vontade divina, converte-se numa mera perversão desta última, e seu efeito anula-se. Apenas quando a vontade individual do homem harmoniza-se por completo e coopera com a vontade de Deus, converte-se em poderosa e efetiva.

Ademais, existiram em todos os tempos entidades celestiais ou espirituais que se comunicaram com o homem para transmitir-lhe um conhecimento de verdades espirituais, ou para refrescar sua memória quando semelhantes verdades estavam a ponto de serem esquecidas, e estabelecer-se, assim, um forte laço de união entre o homem intelectual e o homem Divino. Os homens que são suficientemente puros podem, ainda durante esta vida, entrar em comunicação e conhecer estes mensageiros celestiais, mas poucos são suficientemente puros e espirituais para atingir este ponto. Como quer que seja, é a vontade e não a inteligência que deve ser purificada e regenerada e, portanto, a melhor das instruções é inútil, se não se possui a vontade para levá-la à prática; e como ninguém pode ser salvo contra sua vontade, o desejo mais íntimo do coração deve ser o de conhecer e o de praticar a verdade.

Aquele cuja *VONTADE* for tão boa assim logrará o saber e a potência da fé verdadeira, sem necessidade de nenhuma categoria de sinais externos, ou de razões lógicas para convencê-lo da verdade daquilo que ele sabe que é certo; unicamente o pretenso sábio do mundo pede semelhantes provas; porque seu coração encontra-se pleno de presunção e sua vontade é má, e portanto não possui nem conhecimento espiritual, nem fé, sem o que nada pode saber mais do que aquilo que vem por meios externos; enquanto que aqueles cujas mentes são puras e sem duplicidade, com o tempo adquirem consciência daquelas verdades nas quais instintivamente creram.

Todas as ciências culminam num ponto. Aquele que reconhece o Uno, conhece tudo. Aquele que crê conhecer muitas coisas, crê em ilusões. Quanto mais se aproxima deste ponto (em outras palavras, quanto mais íntima seja sua união com Deus) tanto mais clara será sua percepção da verdade. Se alcançar este ponto, verá que existem coisas na natureza que transcendem a imaginação dos nossos filósofos e a respeito das quais nossos sábios não se atrevem nem a sonhar.

Em Deus está a vida toda, fora de Deus não existe vida alguma, e aquele que parece viver fora de Deus é meramente uma ilusão. Se desejamos saber a verdade, devemos contemplá-la à luz de Deus e não à luz falsa e enganosa da nossa especulação intelectual. Não existe outro caminho para chegar ao conhecimento perfeito da verdade que não seja o da união com ela mesma, e, no entanto, são bem poucos os que conhecem esse caminho. Daqueles que por ele transitam, o mundo engana e se ri; mas este mundo não conhece a verdade, porque é um mundo de ilusões repleto de desgraçados, cegos diante da mesma luz.

O aprender a calar e permanecer tranqüilo, o ficar impassível diante do riso do néscio, diante do desdém do ignorante e em presença do desprezo do orgulhoso é o primeiro sinal de que já começa a brilhar a aurora da luz da sabedoria. Não obstante, a verdade, enquanto plenamente realizada, é capaz de resistir ainda ao escrutínio intelectual mais sereno e aos ataques da lógica mais potente. Apenas a inteligência daqueles que sentem a verdade, mas não a percebem, é que pode ser transformada pela perturbação. Aqueles que conhecem e compreendem a verdade permanecem firmes como uma rocha.

Durante tão longo tempo, como não buscamos mais do que a gratificação dos nossos sentidos, desejamos tão-somente a satisfação da nossa curiosidade; não é a verdade o que buscamos. Para encontrá-la temos de entrar no reino de Deus e, então, descerá a verdade sobre a nossa inteligência. Para consegui-lo não é necessário que torturemos nosso corpo ou que arruinemos nossos nervos, mas é necessário, sim, que acreditemos em certas verdades fundamentais, que são instintivamente percebidas por todos aqueles em quem a inteligência não está pervertida. Estas verdades fundamentais são a existência de um Deus (origem de todo o bem) e a possibilidade da imortalidade da alma humana. O homem possui uma inteligência que racionaliza e portanto tem o direito e a faculdade de fazer uso dela; o que significa que pode empregá-la num sentido que esteja em oposição à lei do bem, que é a lei do amor Divino, a lei da ordem e da harmonia. Não deve profanar os dons que Deus lhe concedeu por meio da natureza, deve considerar todas as coisas como dons Divinos e considerar-se ele mesmo à maneira de templo vivente de Deus e como um instrumento por meio do qual o Divino Poder pode manifestar-se.

Um homem fora de Deus é coisa inconcebível porque a natureza inteira, incluindo o homem, é simplesmente uma mera manifestação de Deus. Se a luz penetra em nosso interior, não é por obra nossa: é o sol que a concede a nós, mas se nos ocultamos do sol, a luz desaparece. Deus é o sol do espírito; é dever nosso, permanecermos iluminados pelos seus raios, goza-los e chamar outros para que entrem na luz. Não existe mal algum em procurar conhecer esta luz intelectualmente, se nossa vontade a ela se dirige, mas se a vontade é atraída por uma luz falsa, a que tomamos equivocadamente pelo Sol, caímos necessariamente em erro.

Existe uma relação definida e exata entre a causa de todas as coisas e as coisas que aquela causa criou (produziu). Pode o homem, ainda nesta vida, chegar ao conhecimento destas relações, aprendendo a conhecer-se a si mesmo. O mundo em que vivemos é um mundo de fenômenos (ou seja, de ilusões), posto que aquilo a que se costuma qualificar como "real" aparece assim unicamente enquanto duram certas condições ou relações entre aquele que percebe e o objeto da sua percepção.

O que nós percebemos não depende tanto da qualidade das coisas que constituem os objetos da nossa percepção como das condições do nosso próprio organismo.

Se nossa organização fosse diferente, cada coisa se nos apresentaria sob um aspecto diferente também. Se aprendemos a realizar esta verdade por completo e a distinguimos entre o que é real e o que é meramente ilusório, podemos, então, entrar no reino daquela elevada ciência assistidos pela luz do espírito Divino. Os mistérios de que se ocupa esta ciência exaltada são os seguintes:

1. O reino interno da natureza.
2. O laço que une o mundo interno espiritual com as formas corpóreas externas.
3. As relações existentes entre o homem e os seres invisíveis.
4. Os poderes ocultos no homem por meio dos quais pode operar sobre o interior na natureza.

Nesta ciência encontram-se contidos todos os mistérios da natureza. Se com o coração puro deseja a verdade, encontrá-la-á; mas se suas intenções são egoístas, põe de lado estas cartas, porque não será capaz de compreendê-la nem neste caso, lhe trarão o menor benefício. Os mistérios da natureza são sagrados, mas não os compreenderão aqueles cuja vontade é má. Se, porém, o malvado logra descobrir os mistérios da natureza, sua luz converter-se-á em fogo consumidor no interior da sua alma, o qual a destruirá e cessará de existir.

Carta III – Verdade absoluta e relativa

Toda ciência do mundo fundamenta-se no fato de que as coisas são atualmente como parecem ser e, não obstante, bem pouco é o que se necessita pensar para compreender o erro da suposição, posto que a aparência das coisas não depende meramente do que são na atualidade, porém, além de tudo, depende da nossa própria organização e da constituição das nossas faculdades perceptivas.

O maior dos obstáculos que o estudante encontra no caminho do progresso das ciências ocultas é o haver-se desenvolvido na crença errônea de que as coisas são o que a ele lhe parecem ser, e a menos que possa elevar-se acima desta superstição e considerar as coisas não do mero ponto de vista relativo do seu ego limitado, senão desde o infinito e do Absoluto, não será capaz de conhecer a verdade absoluta. Antes que adiantemos mais em nossas instruções a respeito do modo prático de você se aproximar da Luz, será necessário que imprima com mais energia em sua mente o caráter ilusório de todos os fenômenos externos.

Tudo quanto o homem sensual conhece acerca do mundo externo, aprendeu-o por meio das impressões que chegam a sua consciência através dos sentidos. Recebendo repetida ou continuadamente semelhantes impressões, comparando-as umas às outras, e tomando aquilo que ele crê conhecer como base de especulações acerca de coisas que desconhece, pude formar certas opiniões referentes a coisas que transcendem seu poder de percepção sensual; mas quanto ao caráter verdadeiro ou falso de suas opiniões a respeito das coisas externas ou internas, pode sua opinião ser o que é unicamente com respeito a ele e em relação a outros seres que se encontram constituídos do mesmo modo que ele; enquanto a todos os demais seres cujas organizações são completamente diferentes da sua, seus argumentos e especulações lógicas não encontram aplicação, e podem existir no universo incalculáveis milhões de seres de organização inferior ou superior à nossa, mas completamente distinta dela, para os quais o mundo e cada uma das coisas apareçam sob um aspecto totalmente diferente e que todos o vejam conforme uma luz inteiramente distinta. Semelhantes seres, ainda vivendo no mesmo mundo em que nós vivemos, podem não conhecer nada, em absoluto, deste mundo que é o único concebível para nós; e podemos não saber nada intelectualmente acerca do seu mundo, ao desejar que seja este Uno e idêntico ao nosso, em que vivemos. Para poder lançar um olhar ao seu mundo, necessitamos da energia suficiente para retirar de nós todos os erros e preocupações herdados e adquiridos; devemos elevar-nos a um nível superior ao do Eu que se encontra preso ao mundo sensual por milhares de correntes e ocupar mentalmente aquele lugar, a partir de onde podemos contemplar o mundo sob um aspecto superior; devemos, por assim dizer, morrer, o que significa viver inconscientes a nossa própria existência, como seres humanos individuais, até que possamos adquirir a consciência da vida superior e olhar o mundo a partir do plano e do ponto de vista de um Deus.

Toda nossa ciência moderna é portanto apenas relativa, o que equivale afirmar que todos os nossos sistemas científicos ensinam unicamente a relação que existe entre as coisas externas e mutáveis e uma coisa tão transitória e ilusória como é o ser humano e que não é, na realidade, mais do que uma aparição externa, originada por uma certa atividade interna, acerca do qual nada sabe a ciência externa. Todos esses conhecimentos tão alardeados e prestigiados, são, portanto, nada mais do que conhecimentos superficiais, referindo-se unicamente a um, talvez, dos aspectos infinitos, por meio dos quais Deus se manifesta.

A ignorância ilustrada, acredita a sua maneira especial de considerar o mundo dos fenômenos é a única verdadeira, e prende-se desesperadamente a estas ilusões, que acredita serem as únicas realidades e àqueles que realizam o caráter ilusório delas, qualifica-os de sonhadores; mas durante muito tempo, como se mantenham aderidas a estas ilusões, não se elevarão acima delas; a ciência continuará sendo ilusória; não será capaz de realizar o caráter verdadeiro da natureza e em vão pedirá uma ciência semelhante que o demonstre a Deus, enquanto fecha seus olhos e deles aparta a luz eterna.

Não é, depois de tudo, nossa intenção pedir que a ciência moderna se coloque no plano do Absoluto, porque neste caso deixaria de ser relativa para as coisas externas, e com relação a elas, se tornaria inútil. Tem-se admitido que as cores não são realidades existentes por si mesmas, mas que certo número das ondulações da luz lhe dê origem; contudo, este fato não impede, de maneira alguma, que se fabriquem as cores e que se lhes dê emprego útil às mesmas. Quanto a todas as demais ciências externas, podem apresentar-se argumentos semelhantes; e não têm por objetivo as afirmações anteriores, desanimar os trabalhos de investigação científica puramente externos, senão instruir aqueles para os que não é suficiente um mero conhecimento superficial e externo e também moderar, se possível, a presunção de todos aqueles que crêem saber tudo e que, acorrentados a suas ilusões, perdem de vista o Eterno e Real e chegam, na sua presunção e vaidade cega até o ponto de negar sua existência própria.

Admite-se que não é o corpo externo quem vê, ouve, cheira, raciocina e pensa, mas que é o homem interno, para nós invisível, quem desempenha estas funções por meio dos órgãos físicos. Não existe nenhuma razão para acreditar que este homem interno cesse de existir quando o corpo morre; pelo contrário, como veremos depois, supor uma coisa assim seria estar contra a razão. Porém, se este homem interno perde, graças à morte do organismo físico, o poder de receber impressões sensíveis do mundo externo, se em conseqüência da perda do cérebro perde também o poder de pensar, mudarão por completo as relações, mediante as quais permanecia neste mundo, e as condições da sua existência serão completamente distintas das nossas; seu mundo não será nosso mundo, ainda que, no sentido absoluto da palavra, ambos os mundos são somente um. Assim é que, neste mesmo mundo, pode existir um milhão de mundos diferentes, com tal possibilidade de que exista um milhão de seres, cujas constituições diferem umas das outras; em outras palavras, existe apenas uma natureza, mas pode aparecer, talvez, sob um número infinito de aspectos. A cada uma das mudanças da nossa organização, o antigo mundo se nos apresenta de acordo com um prisma diferenciado; a cada morte, entramos num mundo novo, ainda que não seja necessariamente o mundo o que mude, senão, unicamente, nossas relações com ele mesmo que variam, graças a tal acontecimento.

O que é que conhece o mundo acerca da verdade absoluta?
O que é que realmente sabemos?

Não podem existir nem sol, nem lua, nem terra; nem o fogo, nem o ar, nem a água podem ter existência real; todas estas coisas existem com relação a nós mesmos apenas enquanto nos encontramos num certo estado de consciência durante o qual cremos que existem; no reino dos fenômenos a verdade absoluta não existe; nem sequer nas matemática encontramos verdade absoluta, por que todas as regras matemáticas são relativas e encontram-se fundamentadas em certas suposições referentes à magnitude e à extensão, as quais em si mesmas não possuem mais do que um mero caráter fenomênico. Mudem-se os conceitos fundamentais sobre os quais nossas matemáticas se apóiam, e o sistema inteiro necessitará de uma mudança completa; o mesmo pode dizer-se com referência aos conceitos da matéria, do movimento e do espaço. São estas palavras, pura e simplesmente, expressões, tão-somente para indicar certos conceitos que formamos acerca das coisas inconcebíveis; em outras palavras, indicam certos estados da nossa consciência. Se olhamos uma árvore, uma imagem forma-se em nossa mente, que corresponde a dizer que entramos num certo estado de consciência que nos põe em relação com um fenômeno externo, acerca de cuja natureza real nada sabemos, mas ao qual damos o nome de árvore. Para um ser organizado de modo completo distinto, pode não ser o que chamamos árvore, senão algo inteiramente diferente, talvez transparente e sem solidez material; de fato a um milhar de seres, cujas constituições diferem umas das outras, lhes aparecerá sob mil aspectos distintos. Podemos ver no sol apenas um globo de fogo, mas um ser cuja faculdade compreensiva seja superior, poderá ver o que nós chamamos sol, algo que para nós é imperceptível, porque, carecendo das faculdades necessárias para descrevê-lo, não nos é concebível.

    O homem exterior guarda uma certa relação com o mundo externo e só pode conhecer do mundo esta relação externa. Algumas pessoas podem objetar que se deve contentar com aqueles conhecimentos e não tentar de maneira alguma aprofundá-los mais. No entanto, isto equivale a privá-lo de todo progresso ulterior e condená-lo a permanecer apagado no erro e na ignorância, porque uma ciência que depende por completo de ilusões externas não é mais do que uma ciência ilusória. Além do mais, o aspecto externo das coisas é a conseqüência de uma atividade interior e, a menos que se coneça o verdadeiro caráter desta atividade interna, o caráter verdadeiro do fenômeno externo, não será na realidade compreendido. Além do mais, o homem real e interior, que reside na forma externa, mantém certas relações com a atividade interna do cosmos, as quais não são menos estritas e definidas que as relações existentes entre o externo e a natureza externa. E, a menos que o homem conheça as revelações que o ligam àquele poder em outras palavras, a Deus jamais compreenderá sua própria natureza divina e nunca alcançará o verdadeiro conhecimento de si mesmo. Ensinar a verdadeira relação que existe entre o homem e todo o infinito e elevá-lo àquele plano de existência exaltado que deve ocupar na natureza, é e tem que ser o único e verdadeiro objeto da religião verdadeira e da verdadeira ciência. O fato de que o homem tenha nascido numa certa casa ou numa certa cidade, não indica, de maneira alguma, que tenha de permanecer ali durante toda sua vida; o fato de que um homem permaneça numa condição física, moral ou intelectual inferior não impõe sobre ele a necessidade de permanecer sempre em tal estado sem poder fazer nenhum esforço para elevar-se a maiores alturas.

    A ciência mais elevada que seja possível existir é aquela cujo objetivo é o mais elevado de todos os conhecimentos, e não pode existir objeto mais elevado, nem mais digno de ser conhecido, do que a causa universal de todo bem. Deus é, portanto, o objeto mais elevado dos conhecimentos humanos e nada podemos saber sobre Ele que não seja a manifestação da sua atividade no interior de nós mesmos. Obter o conhecimento do Eu equivale a obter o conhecimento do princípio Divino dentro de nós mesmos; em outras palavras, um conhecimento do nosso próprio eu, depois que aquele Eu tiver-se convertido em Divino e despertado para a consciência da sua divindade. Então o eu interno e ivino reconhecerá, por assim dizer, as relações que existem entre si e o Divino princípio no universo, se é que podemos falar de relações existentes entre duas coisas que não são duas, senão que são uma mesma e idênticas. Para expressar-nos com mais correção, deveríamos dizer: o conhecimento espiritual de si mesmo tem lugar quando Deus reconhece sua própria divindade no homem.

Todo poder, pertença ao corpo, à alma ou ao princípio inteligente no homem, origina-se a partir do centro, o espírito. Deve-se à atividade espiritual que o homem veja, sinta, ouça e perceba com seus sentidos externos. Na maior parte dos homens, esta força espiritual e interna despertou só a potência intelectual e fez entrar em atividade os sentidos exteriores. Existem, porém, pessoas excepcionais em que esta atividade espiritual chegou a um grau muito maior e, nas quais, se desenvolveram as faculdades mais elevadas ou internas da percepção. Semelhantes pessoas podem, nestes casos, perceber coisas que para as demais são imperceptíveis e podem pôr em exercício poderes que não possui o resto dos mortais. Se os chamados sábios encontram-se com um caso prático como o anterior, consideram-no como causado por um estado enfermiço do corpo e qualificam-no como o efeito de uma "condição patológica"; posto que é um fato fundado na experiência de todos os dias quando a ciência externa e superficial, que nada conhece em absoluto a respeito das leis fundamentais da natureza, toma, contínua e equivocadamente, as causas como efeitos e os efeitos como causas. Com igual razão e com a mesma lógica, poderiam os carneiros de um rebanho, se um deles houvesse obtido a faculdade de falar como um homem, dizer deste que estava enfermo, e ocupar-se da sua "condição patológica.". Assim é que a sabedoria aparece como loucura para o louco; ao cego, a luz lhe resulta em trevas; a virtude como vício ao viciado; a verdade como mentira ao falso, e em tudo vemos que o homem não percebe as coisas tal qual são, senão tal como ele as imagina. Assim é que vemos que tudo quanto os homens costumam chamar de bom ou mal, verdadeiro ou falso, útil ou inútil, etc., é, quando muito, relativo no seu significado. Pode ser assim em relação a alguns e totalmente contrário com outros, cujas opiniões, objetivos e aspirações são distintos. É também uma conseqüência necessária deste estado de coisas que, sempre que começa a linguagem, a confusão começa, uma vez que, diferenciando-se sempre em algo, as diversas constituições dos homens, a maneira de conceber as coisas de cada um deles é sempre distinta das concepções dos outros. Isto é a verdade, no que se refere a assuntos comuns; torna-se, todavia, mais evidente nas questões relacionadas com o oculto, acerca das quais a maior parte dos homens apenas possui idéias falsas, e é duvidoso se, no pronunciamento de uma sentença, não daria apenas origem a disputas e a interpretações falsas. As únicas verdades que se encontram fora do alcance de toda disputa são as verdades absolutas e estas não necessitam ser pronunciadas, pois são evidentes por si mesmas; expressá-las por meio da linguagem equivale a dizer que todo o mundo sabe e que ninguém põe em disputas de jurídicas; o dizer, por exemplo, que Deus é a causa de todo bem, singelamente equivale a que simbolizemos a origem desconhecida de todo bem com a palavra "Deus".

Toda verdade relativa refere-se unicamente às personalidades instáveis dos homens e ninguém pode conhecer a Verdade no Absoluto, exceto aquele que, tendo-se elevado acima da esfera do Eu e do fenômeno, chega à região do Real, eterno e imutável. Fazer isto é, em certo sentido, morrer para o mundo; ou, o que é o igual, desembaraçar-se por completo da noção do Eu, o qual é tão-somente uma ilusão; e chegar a ser uno mesmo com o universal, em cujo seio nem o menor sentimento de separação existe. Se estiver disposto a morrer assim, pode penetrar pela porta no santuário da ciência oculta; mas, se as ilusões dos mundos exteriores e, sobretudo, se a ilusão da sua própria existência pessoal o atrai, em vão buscará o conhecimento daquilo que existe por si mesmo, e que é por completo independente de toda relação com as coisas; que é o eterno centro do qual tudo procede e ao qual tudo volta, que é o centro flamígero; o *Pai*, de quem ninguém pode aproximar-se mais do que o *Filho*, a *Luz*, a *Vida* e a *Verdade Suprema*.

Carta IV – A Doutrina Secreta

O fundamento completo da Doutrina Secreta, base da qual resulta o conhecimento dos mais profundos mistérios do universo, é tão simples, que uma criança pode compreender seu significado, mas, em razão desta simplicidade, é universalmente desdenhado e não compreendido por aqueles que anelam o complexo e as ilusões. Ama a Deus sobre todas as coisas e ao próximo como a ti mesmo. Um conhecimento prático desta verdade é tudo quanto se requer para entrar no templo onde alguém pode obter a sabedoria divina.

Não podemos conhecer a causa de todo o bem a menos que nos aproximemos dela, e não podemos aproximar-nos dela a menos que, a amemos e que por nosso amor, sejamos atraídos por ela. Não podemos amá-la a não ser que a sintamos, e não podemos senti-la a menos que exista em nós mesmos. Para amar o bem, devemos ser nós mesmos bons; para amar o bem sobre todas as coisas, o sentimento de verdade, o de justiça e o de harmonia devem sobrepujar e absorver cada um dos outros sentimentos; devemos cessar de viver na esfera do Eu, que é a do mal, e começar a viver no seio do elemento Divino da humanidade como num todo; devemos amar aquilo que é Divino na humanidade, tanto como aquilo que dentro de nós mesmos é Divino. Se alcançaste este estado supremo, no qual teremos esquecido por completo os nossos egos, o intelectual e o animal, e no qual graças ao nosso amor a Deus, nos haveremos convertido num uno mesmo com Deus, não existirão então segredos, nem no Céus, nem na Terra que sejam inacessíveis a nós.

O que é o conhecimento de Deus mais do que o conhecimento do bem e do mal? Deus é a causa de todo o bem e o bem é a origem do mal. O mal é a reação do bem no mesmo sentido em que as trevas são a reação da luz. O fogo Divino do qual procede não é causa da menor obscuridade, mas a luz que irradia do centro flamígero não pode chegar a manifestar-se sem a presença das trevas, nem, sem a presença da luz, seriam as trevas conhecidas.

Existem, por conseguinte, dois princípios: o princípio do bem e o princípio do mal, brotando ambos da mesma raiz, na qual não existe, como quer que seja, mal algum; apenas reside nela o bem absoluto e inconcebível. É o homem um produto da manifestação do princípio do bem e unicamente no bem pode encontrar a felicidade, posto que a condição que necessita todo ser para ser feliz é o viver no elemento ao qual sua natureza pertence. Aqueles que nasceram no bem serão felizes no bem; aqueles que nasceram para o mal nada desejarão mais do que o mal. Aqueles que nasceram na luz buscarão a luz, e os que pertencem às trevas apenas buscarão as trevas. Sendo o homem um filho da luz, não será feliz, enquanto exista em sua natureza uma sombra de trevas. O homem cujo princípio fundamental é o bem, não encontrará a paz, enquanto exista no seu interior uma única faísca do mal.

A alma do homem é como um jardim, no qual existem semeadas um número quase infinito de sementes diferentes. Estas sementes podem dar origem a plantas belas e saudáveis ou a plantas disformes e nocivas. O fogo do qual estas plantas recebem o calor necessário para seu desenvolvimento é a vontade. Se a vontade é boa, desenvolverá plantas belas; se é má, dará lugar a que cresçam plantas disformes. O principal objeto da existência do homem nesta terra é a purificação e o cultivo da vontade até que se converta numa enérgica potência espiritual. O único meio para purificar a vontade é a ação e, para consegui-lo, todas as nossas ações têm que ser boas, até que o operar bem se converta numa mera questão de costume, quando cesse na vontade todo desejo para o mal.

Que proveito lhe traria conhecer intelectualmente os mistérios da Trindade e o poder falar sabiamente acerca dos atributos do Logos, se no altar do seu coração não ardesse o fogo do amor Divino e se a Luz de Cristo não brilhasse em seu templo? Sua inteligência abandonada pelo espírito que dá a vida se desvanecerá e perecerá e com ela você perecerá, a menos que a chama do amor espiritual arda em seu coração com a luz da consciência eterna.

Se não está de posse do amor para o bem, mais vale permanecer sumido na ignorância, porque assim pecará ignorantemente e não será responsável pelos seus atos; porém aqueles que conhecem a verdade e que a desprezam por causa da sua má vontade são os que sofrerão, pois cometem um "pecado imperdoável", contra a verdade santa e espiritual. Ao verdadeiro rosacruz, cujo coração arde com o fogo do amor Divino para o bem, a luz deste iluminará sua mente, lhe inspirará bons sentimentos e o fará levar a efeito boas ações. Não necessitará de mestre mortal algum que lhe ensine a verdade, porque se encontrará penetrado pelo espírito de sabedoria, que será seu verdadeiro Mestre.

Todas as ciências e artes mundanas são desprezíveis e pueris diante da excelência desta Sabedoria Divina. A posse da sabedoria do mundo não tem valor permanente; mas a posse da Sabedoria Divina não perece e é eterna. Não pode, de maneira alguma, existir a Sabedoria Divina sem o amor Divino, porque a sabedoria é a união do saber espiritual com o amor espiritual, do que resulta o poder espiritual. Aquele que não conhece o amor Divino não conhece Deus, porque Deus é a fonte e o centro flamígero do amor. E por isso se diz que, ainda que penetremos em todos os mistérios, possuamos o saber completo e façamos obras boas, se não possuímos amor Divino, de nada serve, pois unicamente por meio do amor poderemos conquistar a imortalidade.

O que é o amor? Um poder universal que procede do centro do qual o Universo foi desenvolvido. Nos reinos elemental e animal opera como uma força cega de atração; no reino vegetal, obtém os rudimentos dos instintos, que no reino animal se desenvolvem por completo; no reino humano converte-se em paixão, a qual age na direção devida, até a sua fonte eterna, elevará o homem até um estado Divino; mas se é pervertida o conduzirá à destruição. No reino espiritual, quer dizer, no do homem regenerado, o amor transforma-se num poder espiritual, consciente e vivo. Para a maioria dos homens da nossa civilização atual, o amor não é mais do que um sentimento e o amor verdadeiramente Divino e poderoso é quase desconhecido entre a humanidade. Aquele sentimento superficial a que os homens chamam amor é um elemento semi-animal, débil e impotente; mas, o suficientemente poderoso para guiar ou extraviar a humanidade. Podemos escolher entre amar uma coisa ou não amá-la, mas um amor tão superficial não penetra além dos estados superficiais da alma do objeto amado. Possuir o amor Divino não depende da escolha, é um dom do espírito que reside no interior, é um produto da nossa própria evolução espiritual, e somente aqueles que chegaram àquele estado podem possuí-lo. Não é possível que alguém mais que aquele que alcançou este estado de existência conheça o que é este amor espiritual e Divino; porém, aquele que o obteve sabe que é um poder onipenetrante que, brotando do centro do coração e penetrando no coração daquele que se ama, evoca a vida aos germens de amor ali contidos. A este *amor* espiritual, chama-o, se lhe parece melhor, *Vontade* espiritual, *Vida* espiritual, *Luz* espiritual, pois é tudo isso e muito mais, porque todos os poderes espirituais brotam de um único centro eterno e culminam, por fim, outra vez num poder, à maneira do vértice de uma pirâmide de muitos lados. A este ponto, a este poder, a este centro, a esta luz, a esta vida, a este tudo se lhe chama Deus, a causa de todo bem, ainda que a palavra seja um mero vocábulo sem significação para aqueles que não estão em posse dela e que nem sequer possam concebê-la, pois nem sentem, nem conhecem Deus em seus próprios corações.

Como podemos obter este poder espiritual de amar, de boa vontade, de luz e de vida? Não podemos amar uma coisa a menos que saibamos que é boa; não podemos conhecer se uma coisa é boa ou má sem senti-la; não podemos senti-la a menos que nos aproximemos dela; não podemos aproximar-nos de uma coisa se não a amamos e giraríamos eternamente num círculo vicioso sem acercar-nos jamais da eterna verdade, se não fosse pela influência contínua do Sol espiritual da Verdade que transforma o movimento circular em movimento em espiral, arrastando, deste modo, devido à "Luz de graças" os homens até aquele centro, apesar e contra suas próprias inclinações.

Dizem que a inclinação do homem para o mal é mais forte do que a que experimenta pelo bem, e isto é indubitavelmente certo, posto que, com o estado presente da evolução do homem, suas atividades e tendências animais são, todavia, muito fortes, enquanto que seus princípios mais espirituais e elevados não se desenvolveram o suficiente para possuir a consciência de si mesmos e a força conseqüente. Contudo, enquanto as inclinações animais do homem são mais enérgicas que seus próprios poderes espirituais, a luz eterna e divina que o atrai para o centro é muito mais poderosa, e, a menos que o homem resista ao poder do amor Divino, preferindo ser absorvido pelo mal, será atraído contínua e inconscientemente até o centro do amor. Portanto, o homem, ainda que até certo ponto, é vítima indefesa de poderes invisíveis, e, até o ponto em que faz uso da sua razão, é um agente livre; mas até que sua razão fique perfeita, não pode ser livre por completo e sua razão pode unicamente converter-se em perfeita, se vibra em uníssono e em harmonia com a Razão Divina (universal). *O homem, portanto, só pode chegar a ser completamente livre, obedecendo a lei.*

Só pode existir uma razão suprema, uma lei suprema, uma sabedoria suprema, em outras palavras, UM DEUS, porque a palavra Deus significa o ponto culminante de todos os poderes, tanto espirituais como físicos que existem no universo; significa o centro único, do qual todas as coisas, todas as atividades, todos os atributos, faculdades, funções e princípios procederam e no qual todos eles culminarão por fim. O homem só pode esperar a realização do seu objeto, enquanto opere sempre em harmonia com a lei universal, pois a teoria universalmente reconhecida da sobrevivência dos mais aptos e a verdade absoluta de que o forte é mais forte do que o débil são tão certos no reino do espírito quanto no reino da mecânica. Uma gota de água não pode, por seus próprios esforços, correr em sentido contrário ao da corrente na qual existe; e o que é o homem, com toda a sua vaidade e pretensões de sabedoria, mais do que uma gota no oceano da vida universal?

Para poder obedecer à lei, necessitamos aprender a conhecê-la; mas onde pode alguém esperar aprender a lei pura e a lei adulterada, mais do que no estudo da natureza espiritual e material, ou seja, nos seus aspectos interno e externo? Só existe *um livro* de cujo estudo necessita o ocultista e onde a totalidade da *Doutrina Secreta*, com todos os mistérios que conhecem unicamente os iniciados, encontram-se contidos. É o livro que jamais sofreu falsificações nem traduções errôneas; é um livro que nunca foi objeto de fraudes piedosas, nem de interpretações absurdas; é um livro que qualquer um e em qualquer lugar pode obtê-lo. Está escrito numa linguagem que todos podem compreender, importando bem pouco qual seja sua nacionalidade. O título deste livro é M., que significa: *O Macrocosmos e o Microcosmos da Natureza reunidos num volume*. Poder ler este livro corretamente exige poder fazê-lo não somente com o olho da inteligência, senão também é necessário lê-lo com o olho do espírito. Se suas páginas somente são iluminadas pela fria luz da lua, pela luz do cérebro, parecerão mortas e aprenderemos unicamente o que figura impresso na sua superfície; mas se a luz divina do amor iluminar suas páginas irradiando do centro do coração, começarão a viver, e os sete selos com que alguns dos seus capítulos estão lacrados serão rotos e levantados uns véus após outros, e então conheceremos os mistérios Divinos que o santuário da natureza contém.

Sem essa luz divina do amor é inútil tentar penetrar nas trevas onde os mais profundos mistérios permanece. Aqueles que estudam a natureza com a mera luz externa dos sentidos nada conhecerão dela mais do que sua máscara exterior, em vão pedirão que se lhes ensinem os mistérios que unicamente com a luz do espírito podem ser contemplados, porque a luz do espírito brilhou eternamente nas trevas, mas as trevas não a compreenderam.

Onde podemos esperar encontrar esta luz do espírito, a não ser no interior de nós mesmos? O homem não pode conhecer nada exceto aquilo que já existe dentro de si mesmo. Não pode ver, ouvir, nem perceber coisa alguma externa; pode unicamente contemplar as imagens e experimentar as sensações a que dão lugar os objetos exteriores em sua consciência. Tudo quanto pertence ao homem, exceto sua forma externa, é um epítome, uma imagem, uma contra-partida do universo. O homem é o microcosmos da natureza e nele está contido, em germe, ou num estado mais ou menos desenvolvido, tudo quanto a natureza contém. Nele reside Deus, Cristo e o Espírito Santo. Nele a Trindade encontra-se contida, assim como os elementos dos reinos mineral, vegetal, animal e espiritual; ele contém o céu, o inferno e o purgatório;

tudo nele se encontra contido, porque é imagem de Deus e Deus é a causa de cada uma das coisas que existem e nada existe que não seja uma manifestação de Deus e acerca do qual possa deixar de dizer-se em certo sentido que seja Deus ou a substância de Deus. A totalidade do universo e tudo quanto ele mesmo contém é a manifestação exterior daquela causa ou poder interno, à qual os homens chamam Deus. Para estudar as manifestações externas daquele poder temos que estudar as impressões que produzem no interior de nós mesmos. Nada podemos conhecer, seja o que for, fora do que existe dentro de nós mesmos e, mesmo que o estudo da natureza externa não seja nem possa ser nada mais do que o estudo do Eu, ou, em outras palavras, o estudo das sensações internas a que causas externas deram origem dentro de nós mesmos. Não pode o homem positivamente e de maneira alguma conhecer nada exceto aquilo que vê, sente ou percebe no interior de si mesmo; todos são chamados conhecimentos acerca das coisas exteriores, são meras especulações e suposições ou tudo o mais, verdades *relativas*.

Se não é possível que o homem nada conheça a respeito das coisas externas, exceto aquilo que vê, sente ou percebe dentro de si mesmo, como é possível que nada possa saber no que se refere a coisas internas como as manifestações no seu próprio interior? Todos aqueles que buscam um Deus externo, enquanto negam a Deus em seus corações, buscá-lo-ão inutilmente; todos aqueles que adoram um rei desconhecido da criação, enquanto afogam o rei recém-nascido no berço dos seus próprios corações, adoram uma mera ilusão. Se desejamos conhecer a Deus e obter a sabedoria divina, termos que estudar a atividade do Divino princípio no interior dos nossos corações, ouvir sua voz com o ouvido da inteligência e ler suas palavras com a luz do amor Divino, porque o único Deus acerca do qual pode o homem conhecer algo é seu próprio Deus pessoal, uno e idêntico com o Deus do universo. Em outras palavras, é o Deus universal entrando em relação com o homem, no mesmo homem e alcançando personalidade por meio do organismo a que chamamos homem; e assim é como Deus se converte em homem e o homem se transforma em Deus, convertendo-se desse modo o homem em Deus, quando obtém o conhecimento perfeito do seu próprio ego Divino, ou em outras palavras, quando Deus se fez consciente de si mesmo e logrou no homem o conhecimento de si mesmo.

Não pode portanto, existir Sabedoria Divina sem o conhecimento do próprio eu Divino de si mesmo, e aquele que encontrou seu próprio Eu Divino converteu-se em sábio. Não venham nossos especuladores científicos e teológicos a ser tão presunçosos que julguem ter encontrado seu próprio e Divino ego. Se o tivessem encontrado, estariam de posse de poderes Divinos, como dos que chamam de homens "*sobrenaturais*", porque chegaram a ser quase desconhecidos da humanidade. Se os homens tivessem encontrado seus próprios egos Divinos, não precisariam mais nem de pregadores, nem de doutores, nem de mais livros, nem de mais instruções que seu próprio Deus interno; mas a sabedoria dos nossos sábios não é de Deus; procede de livros e de fontes externas e falíveis. Aquele sentimento do ego que os homens experimentam em si mesmos e ao qual chamam seu próprio Eu não é o do ego Divino, é o do seu Eu animal ou intelectual, no qual se encontra concentrada sua consciência, e em cada homem existe um grande número de variedades desses *egos ou eus*. Todos estes perecerão e têm que desaparecer antes que o Eu *Divino*, que é Universal e

Onipresente, possa entrar em existência no homem. Os homens não conhecem seus próprios eus, animal e semi-animal, de outra maneira, sua aparição os encheria de horror. Os nomes da ambição principal de muitos homens são inveja ou cobiça, sibaritismo ou dinheiro etc. Estes são os poderes ou deuses que governam os homens e as mulheres e aos quais os homens se agarram, abraçam e acariciam, e aos quais consideram como seus próprios Eus. Estes *Eus ou egos* assumem em cada alma de homem uma forma que corresponde ao seu caráter, porque cada caráter corresponde a uma forma ou a produz. Estes Eus, porém, são ilusórios. Carecem de vida própria e alimentam-se do princípio de vida no homem; vivem graças à sua vontade e perecem com a vida do corpo ou imediatamente após. O que no homem é imortal, aquilo que existiu sempre e que para sempre existirá, é o espírito Divino e apenas aqueles elementos do homem que são perfeitos e puros, e que se uniram ao espírito, continuarão vivendo nele e por meio dele.

Esse *ego Divino* não experimenta o sentimento de separação que domina nossos eus inferiores, é universal como o espaço, não estabelece distinção alguma entre si mesmo e qualquer outro dos seres humanos, vê-se a si mesmo e se reconhece o mesmo em todos os demais seres, vive e sente em outros, mas não morre com os outros, porque sendo perfeito, já não requer mais transformações. Este é o Deus ou Brama, a quem unicamente pode conhecer o que se converte em Divino, é o *Cristo* que jamais pode ser compreendido pelo *Anti-cristo*, que leva sobre sua fronte o signo da *Besta*, que simboliza o intelectualismo sem espiritualidade ou a ciência sem amor Divino. Este Deus pode ser reconhecido unicamente por meio do poder da fé verdadeira, a qual significa sabedoria espiritual e penetra até o centro ardente de amor que existe no próprio coração de cada um dos homens. Este é o centro de amor, de vida e de luz, a origem de todos os poderes; nele se encontram contidos todos os germes e mistérios, fonte da revelação divina; se encontrar a luz que irradia daquele centro, não necessitará mais de ensinamentos, pois terá encontrado a vida eterna e a verdade absoluta.

O grande erro da nossa época intelectual é que os homens crêem poder chegar ao conhecimento da verdade por mera especulação intelectual, científica, filosófica ou teológica, apenas com o raciocínio. Isso é falso por completo, porque, se bem que um conhecimento da teoria oculta deve preceder a prática, se a verdade de uma coisa não é confirmada, experimentada e realizada por meio da prática, um mero conhecimento da teoria não serve de nada. De que servirá a um homem falar muito a respeito do amor e repetir como um papagaio o que ouviu, se não sente em seu coração o poder Divino do amor? De que servirá a alguém falar sabiamente a respeito da sabedoria enquanto ele não for o sábio? Ninguém pode chegar a ser um bom músico, artista, soldado ou homem político apenas lendo livros; o poder não é obtido pela mera especulação, senão que requer prática. Para conhecer o bem, temos que pensar e operar o bem; para experimentar a sabedoria, temos que ser sábios. Um amor que não encontra expressão alguma em atos não obtém força; uma caridade que só em nossa imaginação existe permanecerá sempre imaginária, a menos que seja expressa por meio de atos. Sempre que tem lugar uma ação, uma reação é a conseqüência. Portanto, a prática de boas ações robustecerá nosso amor ao bem, e onde exista tal amor, se manifestará em forma de ações boas.

Aquele que opera mal, porque não sabe como operar bem, é digno de compaixão; mas aquele que sabe como operar bem e intelectualmente está convencido que deve operar assim e, não obstante, obra mal, é digno de condenação. É, portanto, perigoso para os homens receber instrução, no que se refere à vida superior, durante tão longo tempo, como é má sua vontade; posto que, depois de saber distinguir entre o bem e o mal, se, depois disto, escolhe o caminho do mal, sua responsabilidade é ainda muito maior. Essas cartas, não tivessem jamais sido escritas se não se tivesse esperado que pelo menos alguns leitores se limitassem a compreender intelectualmente seu conteúdo, e que entrariam, assim, no caminho da prática, cuja porta é o conhecimento do Eu, que conduz por fim à união com Deus e cuja conseqüência primeira é o reconhecimento do princípio da *Fraternidade Universal da Humanidade*.

Carta V – Os adeptos

Na contestação à minha última carta, manifestei a opinião de que o expoente de espiritualidade (significando intelectualidade e moralidade combinadas) exigido por nosso sistema de filosofia é excessivamente elevado para que o homem possa alcançá-lo, e duvide se alguém chegou alguma vez a ele. Permita que diga que muitos daqueles a quem a igreja cristã chama de santos e outros muitos que nunca pertenceram àquela igreja e aos quais se costuma chamar "pagãos" obtiveram aquele estado e portanto alcançaram poderes espirituais que lhes permitiram levar a cabo coisas bem extraordinárias chamadas milagres.

Se examinar a história da vida dos santos, nelas você encontrará uma grande quantidade de coisas grotescas, fabulosas e falsas, pois aqueles que escrevem as lendas conhecem bem pouco ou nada cerca das leis misteriosas da natureza; eles registraram fenômenos que ocorriam, ou que pelo menos se crê que tenham acontecido; mas não podem eles explicar as causas que lhes deram origem e inventaram as explicações que lhes pareceram mais prováveis ou críveis, de acordo com seu modo de pensar. Entre todos estes escombros, encontrará, porém, uma grande parcela de verdade, que vem demonstrar que mesmo a inteligência de pessoas sem ilustração pode ser iluminada pela sabedoria divina, se aquelas pessoas viverem pura e santamente. Verás como, em muitas ocasiões, frades e freiras, pobres e ignorantes e, conforme o mundo, sem instrução, alcançaram uma sabedoria tal, sendo consultados por papas e reis em assuntos importantes, e como muitos deles lograram o poder de abandonar seus corpos físicos para visitarem lugares distantes em seus corpos espirituais, formados pela substância do pensamento, e até chegaram a aparecer em forma material em pontos remotos. As ocorrências desta espécie foram tão numerosas que, se lemos seus relatos, deixarão de parecer extraordinárias e será, de todos os pontos, desnecessário mencionar estes casos, já que são bem conhecidos. Na *Vida de Santa Catarina de Siena*, na de *São Francisco Xavier* e em muitos outros livros encontrará a descrição de semelhantes incidentes. A história profana transborda também de narrativas referentes a homens e mulheres extraordinários, e me limitarei a recordar a história de *Joana D´Arc*, que possuiu dons espirituais, e a de *Jacó Boheme*, o sapateiro ignorante, o qual a sabedoria Divina iluminava.

Duvidamos que não possa existir nada mais absurdo do que tentar argüir e disputar acerca de semelhantes coisas com um cético ou materialista que nega que sejam possíveis. Tentá-lo equivaleria a disputar a existência da luz com um cego de nascimento e nem pode nenhum tribunal de cegos sentenciar acerca da luz existir ou não. Não obstante, existiu e ainda existe, e podemos dar aos cegos uma idéia dela, mas não podemos prová-la cientificamente durante tanto tempo quanto permaneçam cegos à razão e à lógica.

Em muitas partes do mundo, foram as pessoas degradadas, a um ponto tal, pela "civilização moderna", que chegou a ser para ela completamente incompreensível que alguem pudesse verificar ato algum, que não fosse com o objetivo de ganhar dinheiro, obter comodidades ou por aficção ao luxo; o único móvel da sua vida é tornar-se rico, comer, beber, dormir e voltar a comer e gozar de todo o *conforto* da vida externa. Não obstante, semelhantes pessoas não são felizes; vivem num estado de febre e excitação contínuas, correndo sempre atrás de sombras que desaparecem enquanto se aproximam, ou criam desejos mais violentos por outras sombras, se são assimiladas e absorvidas.

Afortunadamente existem, porém, outros nos quais a centelha divina da espiritualidade não foi velada pela fumarada do materialismo e alguns existem nos quais esta centelha converte-se em chama, graças ao sopro do Espírito Santo, emitindo uma luz que ilumina suas inteligências e que até penetra seus corpos físicos de um modo que um observador, ainda que superficial, possa ver que o caráter destas pessoas é extraordinário.

Semelhantes pessoas existem, em diferentes partes do mundo, e constituem uma Fraternidade, cuja existência é conhecida apenas por muito poucos, nem é de se desejar que quaisquer detalhes desta Fraternidade sejam conhecidos publicamente, uma vez que semelhantes notícias não fariam mais do que excitar a inveja e a cólera do ignorante e do malvado e pôr em atividade uma força que nenhum dano causaria aos Adeptos, porém sim o causaria a àquelas vontades perversas que se levantaram contra os Adeptos.

Não obstante, como você deseja conhecer a verdade, não por curiosidade frívola, senão pelo desejo de seguir o seu caminho, me é permitido dar-lhe as seguintes notícias[2]:

Os irmãos de quem falamos vivem como desconhecidos para o mundo; a história nada sabe a respeito deles e, não obstante, são eles os maiores de entre toda a humanidade. Os monumentos que foram erigidos em honra dos conquistadores do mundo haverão de converter-se em pó; reinos e tronos terão desaparecido, todavia estes eleitos viverão. Chegará um tempo em que o mundo ficará convencido da indignidade das ilusões externas e começará a estimar apenas aquilo que é digno de ser apreciado; então será reconhecida a existência dos Irmãos e se apreciará sua sabedoria. Os nomes dos grandes da terra estão escritos no pó, os nomes destes Filhos da Luz estão inscritos no Templo da Eternidade. Eu o farei conhecer esses irmãos e você poderás converter-se num deles.

Esses irmãos estão iniciados nos mistérios da religião, mas não me compreenda mal, nem suponha que pertençam a alguma sociedade secreta exterior, como as que costumam profanar o que é sagrado, pela verificação de cerimônias externas e cujos membros se chamam a si mesmos Iniciados. Não! Unicamente o espírito de Deus é quem pode iniciar o homem na Sabedoria Divina e iluminar sua inteligência. Unicamente o homem pode guiar o homem ao altar onde arde o fogo Divino, o segundo deve chegar a ele por si mesmo; se deseja ser iniciado, deve, por si mesmo,

---

2. A carta original de onde se extraiu o que segue, foi escrita por Karl von Eckhartshausen, em Munique, no ano de 1792.

fazer-se digno de obter dons espirituais, ele mesmo deve beber da fonte que para todos existe e da qual ninguém está excluído, mais do que aqueles que a si mesmos se excluam.

Enquanto os ateus, materialistas e céticos da nossa civilização moderna falseiam a palavra "filosofia" com objeto de preconizar como sabedoria divina as elucubrações dos seus próprios cérebros, esses irmãos vivem tranqüilamente sob a influência de uma luz mais elevada e constroem um templo para o Eterno Espírito, um templo que continuará existindo depois de que mais de um mundo tenha perecido. Seu trabalho consiste em cultivar os poderes da alma; nem o torvelinho do mundo externo, nem suas ilusões o afetam; lêem as letras viventes de Deus no livro misterioso da natureza; eles reconhecem e gozam das harmonias divinas do universo. Enquanto os sábios do mundo procuram reduzir ao seu próprio nível intelectual e moral tudo o que é sagrado e exaltado, estes irmãos elevam-se ao plano da luz divina e encontram nele tudo quanto é bom, verdadeiro e belo na natureza. São eles que não se limitam a crer meramente, mas conhecem a verdade por contemplação espiritual ou Fé, e suas obras encontram-se em harmonia com sua fé, porque eles operam o bem, por amor ao bem e porque sabem que é o bem.

Não acreditam que um homem possa converter-se num verdadeiro cristão, meramente por professar uma certa crença, ou por unir-se a uma igreja cristã, no sentido literal da palavra. Converter-se num verdadeiro cristão significa converter-se em Cristo, elevar-se acima da esfera da personalidade e incluir e possuir, no seio do Eu próprio e Divino de si mesmo, tudo quanto existe nos céus ou sobre a terra. É um estado que se encontra fora da concepção daquele que não o alcançou; significa uma condição na qual alguém é atual e conscientemente um templo, onde a Trindade Divina, com todo o seu poder, reside. Unicamente nesta luz ou princípio a que chamamos Cristo e que outras nações conhecem com outros nomes, podemos encontrar a verdade. Entre naquela luz e aprenderá a conhecer os Irmãos que nela vivem. Naquele santuário residem todos os poderes e os chamados meios sobrenaturais, que em épocas remotas unia o homem com a fonte divina da qual procede. Se os homens conhecessem tão-somente a dignidade da suas próprias almas e as possibilidades dos poderes que latentes, alí permanecem, o desejo tão-só de encontrar seus próprios egos os cumularia de temor respeitoso.

Somente existe um Deus, uma verdade, uma ciência e um caminho para chegar a ela; a este caminho se dá o nome de religião e, portanto, somente existe uma religião na prática, ainda que existam mil teorias diferentes. Tudo quanto se necessita para obter um conhecimento de Deus está contido na natureza. Todas as verdades que a religião de verdade pode ensinar existiram desde o princípio do mundo e existirão até que o mundo se conclua. Em todas e em cada uma das nações deste planeta, brilhou sempre a luz nas trevas, apesar de que as trevas não a compreenderam. Em alguns pontos esta luz foi muito brilhante, em outros menos, na proporção da faculdade receptiva do povo e na pureza da sua vontade. Sempre que encontrou uma grande receptividade apareceu com grande resplendor e foi percebida num estado maior de concentração, conforme a capacidade dos homens para percebê-la. A verdade é universal e não pode ser monopolizada por homem algum, nem por nenhuma coletividade humana; os mistérios mais augustos da religião, tais como a Trindade, a queda ou diferenciação da macacada humana, sua Redenção por amor etc., encontram-se tanto nos antigos sistemas religiosos como nos modernos. Seu conhecimento é o conhecimento do Universo; em outras palavras, é a Ciência Universal, uma ciência que é infinitamente superior a todas as ciências materiais do mundo, cada uma das quais entra em algum detalhe ínfimo da existência, mas que deixa às grandes verdades universais, nas que toda existência é fundamentada, fora de consideração e até trate talvez, semelhantes conhecimentos, com desprezo, porque seus olhos estão fechados à luz do espírito.

As coisas externas podem ser examinadas com a luz externa; as especulações intelectuais requerem a luz da inteligência, mas a luz do espírito é indispensável para a percepção das verdades espirituais e uma luz intelectual, sem a iluminação espiritual, conduzirá os homens ao erro. Aqueles que desejem conhecer verdades espirituais devem buscar a luz no interior de si mesmos e não esperar que a obterão por alguma espécie de formas ou cerimônias externas unicamente, quando, dentro de si mesmos, tenham encontrado Cristo, serão dignos do nome de cristão.

Esta era a religião prática, a ciência e o saber dos sábios antigos, por longo tempo antes que a palavra cristianismo fosse conhecida; era também a religião prática dos primitivos cristãos, que eram pessoas iluminadas espiritualmente e verdadeiros seguidores de Cristo. Somente à medida que o cristianismo tornou-se popular e, por conseguinte, compreendeu erroneamente o sistema religioso, as interpretações falsas suplantaram as doutrinas verdadeiras e os símbolos sagrados perderam sua verdadeira significação. Organizações eclesiásticas e sociedades secretas apropriaram-se das formas e alegorias exteriores; fraudes eclesiásticas e misticismos usurparam o trono da religião e da verdade. Os homens destronaram Deus e colocaram-se a si mesmos no trono. A ciência de semelhantes homens não é sabedoria; suas experiências práticas encontram-se limitadas por suas sensações corpóreas; sua lógica encontra-se fundada em argumentos que são fundamentalmente falsos, jamais conheceram eles as relações existentes entre o Espírito Infinito e o homem finito; eles se arrogam poderes Divinos, que não possuem, assim induzindo os homens a que busquem neles a luz, que apenas pode ser encontrada no interior de cada um; enganam o homem com esperanças falsas e entorpecendo-o numa falsa segurança, conduzem-no à perdição.

Um tal estado de coisas é a conseqüência necessária do poder exterior que as modernas igrejas alcançaram. Demonstra a história que, conforme a igreja aumentou em poder externo, diminuiu seu poder interno. Já não pode dizer por mais tempo: "Não possuo nem ouro, nem prata" e tampouco aos enfermos: "*Levanta-te e anda*".

A menos que aos antigos sistemas se lhes infunda uma nova vida, sua decadência é segura. Sua dissolução é só em excesso aparente no desenvolvimento universal das perniciosas superstições do materialismo, ceticismo e libertinagem. Não é possível à religião infundir-se uma vida nova, dando força ao poder externo e autoridade material ao clero; deve ser infundida em seu centro mesmo. O poder central que dá vida a todas as coisas e que a todas põe em movimento é o Amor e somente estando penetrada pelo amor, sua religião pode ser forte e duradoura; uma religião fundada no amor universal da humanidade conteria os elementos de uma religião universal.

A menos que o princípio do amor seja praticamente reconhecido pela Igreja não se desenvolverá em seu seio Cristo algum, nem adeptos, nem guias espirituais verdadeiros; e os poderes espirituais que os clérigos pretendem possuir existirão tão-somente em sua imaginação. Cesse o clero de distintas denominações de excitar o espírito de intolerância, desista de estimular o povo à guerra e ao sangue, a disputas e querelas. Reconheçam que todos os homens, pertençam à nação que pertençam e professem a religião que professem, têm uma só origem comum, e que um só destino coletivo é o que os espera e que todos eles são fundamentalmente uno, diferenciando-se meramente em suas condições externas.

Então, quando se pensar mais nos interesses da humanidade do que nos interesses temporais da igrejas, a verdadeira igreja recobrará seu verdadeiro poder; e, então, se encontrarão de novo, na Igreja, Cristos e santos, outra vez e obterão dons espirituais e feitos milagrosos acontecerão, que terão mais o propósito de convencer toda a humanidade que todas as especulações teológicas pois, mais além do reino sensível da ilusão material, existe um poder mais elevado, Universal e Divino; e que para aqueles que estão em posse dele, além de conceder-lhes o direito de chamarem-se a si mesmos divinos, torna-os realmente divinos e permite-lhes levar a efeito atos Divinos.

A verdadeira religião consiste no reconhecimento de Deus, mas Deus não pode ser mais reconhecido do que por meio da sua manifestação e, ainda que toda natureza seja uma manifestação de Deus, não obstante, o grau mais alto dessa manifestação é a divindade no homem. Tornar todos os homens divinos é o objetivo final da religião, e reconhecer a divindade universal (Cristo) em todos é o meio para lograr aquele fim. O reconhecimento de Deus significa o reconhecimento do princípio universal do amor Divino. Àquele que reconheça plenamente este princípio, não meramente na teoria, mas na prática, ser-lhe-ão abertos seus sentidos internos, e sua mente será iluminada pela sabedoria espiritual e divina. Quando todos os homens tiverem chegado àquele estado, então a luz divina do espírito iluminará o mundo e será reconhecida do mesmo modo que a luz do sol é universalmente vista. Então, o saber substituirá a opinião, a fé, na nova crença e o amor universal dominará em lugar do amor pessoal. Então, serão reconhecidos na natureza e no homem a majestade do Deus universal e a harmonia das sua leis. E nas jóias que adornam o trono do Eterno, jóias que conhecem os Adeptos, ver-se-á resplandecer a Luz do Espírito.

Carta VI – Experiências pessoais

Na natureza existem mistérios inumeráveis que o homem deseja descobrir. A crença de que existem certas sociedades que guardam segredos determinados que poderiam, se quisessem, comunicar que chegaram ao grau de desenvolvimento espiritual dos que as constituem, é uma crença errônea. O homem que crê que o verdadeiro saber pode ser obtido por meio de favores e não pelo desenvolvimento espiritual cessa de esforçar-se para lograr sua própria evolução e une-se a sociedades secretas ou a igrejas, esperando, assim, obter algo que não se merece; mas, sempre, o final é um desencanto para ele.

No verão de 1787, sentado num dos bancos dos jardins adjacentes ao castelo de Burg, em Munique, e pensando profundamente a respeito do que acima afirmei, vi um estrangeiro de aspecto digno e imponente, bem vestido, sem o menor indício de pretensões, passeando por uma daquelas ruas. Havia algo nele que atraiu a minha atenção; talvez fosse a tranqüilidade suprema da sua alma que se refletia nos seus olhos. Seu cabelo era grisalho, mas seu olhar era tão bondoso que, quando passou diante de mim, instintivamente levei a mão ao chapéu, saudando-me ele também, de um modo muito amável. Senti um impulso para segui-lo e falar-lhe, mas, não tendo a menor escusa a apresentar, contive-me e o estrangeiro desapareceu.

No dia seguinte, mais ou menos à mesma hora, voltei ao mesmo jardim, esperando de novo encontrar o estrangeiro. Estava ali, sentado num banco e lendo um livro; não me atrevi a interrompê-lo. Andei por um momento pelo jardim e, quando voltei, o estrangeiro já não se encontrava. Não obstante, havia deixado em cima do banco um livro pequeno que me apressei a apanhar, pensando na oportunidade de devolvê-lo e, com isto, ter uma oportunidade para conhecê-lo. Olhei o livro, mas não pude lê-lo, pois estava escrito em caracteres caldeus. Apenas uma breve sentença, que figurava na página do título, estava escrita em latim, que pude ler e dizia: *"Aquele que se levanta cedo em busca da sabedoria, não terá de ir muito longe para encontrá-la, porque a encontrará sentada diante da sua porta."* Os caracteres em que estava impresso o livro eram formosos, de um vermelho brilhante, e a encadernação do livro era de um azul magnífico.

O papel era finíssimo, branco e parecia emitir todas as cores do arco-íris, à maneira do nácar. Um olor agradável penetrava cada uma das páginas daquele livro e tinha também um fecho de ouro.

Durante três dias consecutivos fui àquele lugar pelas 12 horas, com a esperança de encontrar o estrangeiro, mas foi em vão. Por fim, fiz a descrição do personagem a um dos guardas e consegui saber que ele era visto com freqüência às 4 da manhã, passeando à margem do Isar, próximo de uma pequena cascata, num local chamado Prater. Fui ali no dia seguinte e fiquei surpreso ao vê-lo a ler outro livro pequeno parecido com o que eu havia encontrado. Aproximei-me dele e ofereci-lhe de volta o livro, explicando-lhe como havia chegado às minhas mãos, mas rogou para que eu o aceitasse em seu nome e que o considerasse como presente de um amigo desconhecido. Disse-lhe que não podia ler seu conteúdo, exceto o primeiro verso da primeira página, a que respondeu, dizendo tudo que dizia o livro referia-se ao que aquela sentença expressava. Então lhe pedi que me explicasse o conteúdo do livro.

Passeamos um momento pela orla, e o estrangeiro disse-me muitas coisas importantes acerca das leis da natureza. Havia viajado muito e possuía um verdadeiro tesouro de experiências.

Quando o sol começou a sair disse: "vou fazer que você veja algo curioso". Tirou então do bolso um frasco pequeno e despejou na água algumas gotas do seu líquido e imediatamente as águas do rio começaram a brilhar com todas as cores do arco-íris, até uma distância de mais de dez metros da margem. Alguns trabalhadores das imediações aproximaram-se e admiraram-se com o fenômeno. Um deles estava enfermo de reumatismo. O estrangeiro deu-lhe algum dinheiro e certos conselhos e disse-lhe que, se o seguisse, em três dias estaria bom. O trabalhador agradeceu-lhe, mas o estrangeiro respondeu: "Não me agradeças, dê graças ao poder onipotente do bem".

Entramos na cidade e o estrangeiro me deixou, convidando-me para o dia seguinte, mas sem dizer-me nem seu nome, nem o lugar da sua residência. Encontrei-o novamente no dia seguinte e soube, por ele, coisas de um gênero tal, que sobrepujaram por completo tudo quanto se me podia apresentar. Falamos sobre os mistérios da natureza e sempre que ele falava da magnitude e grandeza da criação, parecia estar penetrado de um fogo sobrenatural.

Sentia-me algo confuso e deprimido perante sua sabedoria superior e maravilhava-me ao pensar como podia haver adquirido seus conhecimentos. O estrangeiro, lendo meus pensamentos, disse: – Vejo que não acaba de decidir-se a respeito da espécie de ser humano em que quer classificar-me, mas asseguro-lhe que não pertenço a nenhuma sociedade secreta, ainda que os segredos de todas as sociedades semelhantes sejam bem conhecidos por mim. Agora tenho várias coisas a fazer, mas amanhã lhe darei mais explicações.

— O Senhor tem negócios? –exclamei eu–. Desempenha algum cargo público?

—Querido amigo –respondeu o estrangeiro– quem é bom sempre encontra em que ocupar-se, e fazer o bem é o mais alto emprego que pode desempenhar o homem e ao qual pode aspirar.

Com isso me deixou e não o vi mais durante quatro dias; mas, no quinto, chamou-me pelo meu nome, às quatro da manhã, pela janela do meu quarto, e convidou-me a dar um passeio com ele. Levantei-me, vesti-me e saímos. Disse-me, então, algumas coisas acerca da sua vida passada, entre elas que, quando tinha 25 anos, havia travado conhecimento com um estrangeiro que lhe havia ensinado muitas coisas e fora presenteado com um manuscrito que continha ensinamentos notáveis. Ensinou-me este manuscrito e o lemos juntos. O seguinte texto contém alguns extratos dele.

Novas descobertas das ruínas do templo de Salomão: "Assim como a imagem de um objeto pode ser vista na água, do mesmo modo os corações dos homens podem ser vistos pelo sábio. Deus te abençoou, filho meu, e te permite publicar o que digo, para que com isto as pessoas possam receber benefícios".

Filiam vitis (filho da vida): Um dos irmãos ensinou-me o caminho para os mistérios da natureza; mas as ilusões que pairam ao lado caminho, atraíram minha atenção durante longo tempo, durante o mesmo permaneci detido; mas, por fim, convenci-me da inutilidade de semelhantes ilusões e abri de novo meu coração aos cálidos raios que dispensam vida do amor Divino, do grande sol espiritual. Foi então, que reconheci a verdade de que a posse da sabedoria divina ultrapassa a posse de tudo mais; que aquilo a que os homens chamam saber não é nada e que nada é o homem, a menos que se converta num instrumento da sabedoria divina. A divina sabedoria é desconhecida para o sábio do mundo; mas há algumas pessoas que a conhecem. Oceanos existem no país em que vivem os sábios e aquele que constitui a residência dos filhos do erro; e até que os homens hajam acostumado seus olhos à radiação da luz divina não será descoberta a região na qual eles vivem. Em seu país existe o templo da Divina Sabedoria, no qual há uma inscrição que diz: 'Este templo é sagrado, pela contemplação das divinas manifestações de Deus na natureza'. Sem verdade não existe sabedoria, nem verdade, sem bondade. A bondade encontra-se raras vezes no mundo portanto, as verdades assim como a chamada sabedoria do mundo, não são com freqüência mais do que loucuras.

"Estamos livres de preocupações e com os braços abertos recebemos cada um dos que a nós vêm e que levam em si mesmos o selo da divindade. A ninguém perguntamos se é cristão, pagão ou judeu, tudo quanto exigimos num homem é que se mantenha fiel a sua humanidade. O amor é o laço de união entre nós e nosso trabalho, em prol do bem da humanidade. Por nossas obras convencemo-nos uns aos outros, e aquele que goza da mais elevada sabedoria é o que obtém o grau mais elevado. Nenhum homem pode receber mais do que merece. O amor Divino e a ciência, a cada um se dão em proporção a sua capacidade para amar e saber. A fraternidade dos sábios é união para a eternidade no absoluto, e a luz do sol da verdade eterna ilumina seu templo. A luz do sol aquece o cristal no qual penetra; se o separa da luz, esfria-se. Do mesmo modo, a mente do homem penetrada pelo amor Divino obtém sabedoria; mas se se aparta da verdade, a sabedoria desvanece. As sociedades secretas e sectárias perderam a verdade, e a sabedoria delas desapareceu de entre elas. Não amam, estas, o homem mais do que em proporção ao que pertencem aos seus partidos e serve para seus interesses sectários; elas empregam símbolos e formas cuja significação não compreendem. De filhos da luz converteram-se em filhos das trevas. O templo de Salomão que seus antepassados estavam construindo está agora destruído e não existe nele pedra sobre pedra, a maior confusão reina agora em suas doutrinas. As colunas do templo caíram e o lugar que ocupava o santuário ocupam-no serpentes venenosas. Se deseja saber se o que eu digo é ou não verdade, empunhe a tocha da razão e entre nas trevas; contemple as ações das sociedades sectárias cometidas durante o passado e o presente e apenas verá egoísmo, superstição, crueldade e assassinato.

"O número de seres humanos que vivem sumidos nas trevas é de milhões, mas o número de sábios é bem curto. Vivem em diferentes partes do mundo, a grande distância uns dos outros e, não obstante, encontram-se inseparavelmente unidos no espírito. Falam diferentes línguas, contudo cada um deles entende os demais, porque a língua do sábio é espiritual. São os que se opõem às trevas e ninguém que esteja inepto pode aproximar-se da sua luz, pois suas próprias trevas o destruirão. Para os homens, são desconhecidos, e, não obstante, chegará o dia em que a obra que necessitou que de alguns séculos para ser concluída pelos malvados será, num momento, destruída por eles como por um impulso do dedo de Deus".

"Não busque a luz nas trevas, nem nos corações dos malvados a sabedoria; se te aproximares da verdadeira luz, a conhecerás, porque iluminará tua alma."

Estas notas são alguns extratos do manuscrito. Continha muitas notícias acerca dos Irmãos da Cruz e da Rosa de Ouro. Não me é permitido dizer tudo quanto aprendi nele mesmo, mas, em resumo, do manuscrito depreende-se que os verdadeiros rosacruzes são uma sociedade espiritual por completo e que nada têm a ver absolutamente com qualquer das sociedades secretas conhecidas no mundo. A verdade é que não se pode considerá-los como uma sociedade, no sentido exato como é aceita esta palavra, posto que não constituem uma corporação organizada, nem tem leis, nem regras, nem cerimônias, nem cargos, nem reuniões, nem nenhuma das muitas formas que configuram a vida das sociedades secretas. É um certo grau de sabedoria que, sendo obtida, faz do homem um rosacruz, e quem alcança esta sabedoria já é um iniciado. Ele é então um rosacruz, porque compreende praticamente o mistério da rosa e da cruz. Este mistério refere-se à lei da evolução da Vida, e seu conhecimento prático não pode ser compreendido apenas por meios teóricos, especulativos ou intelectuais. É inútil meditar acerca de questões místicas que se encontram além do nosso horizonte mental; inútil é tentar penetrar nos mistérios espirituais antes que nos tenhamos espiritualizado. O conhecimento prático supõe prática, e apenas pode ser adquirido por meio da prática. Para obter poder espiritual é necessário praticar as virtudes espirituais de Fé, Esperança e Caridade; a única maneira de chegar a ser sábio é cumprir durante a vida os deveres consigo mesmo. O Amar a Deus em toda a humanidade, cumprindo com o dever, constitui a sabedoria humana suprema e desta, unicamente, pode brotar a sabedoria divina. À medida que nos homens aumentam o amor e a inteligência, a força do poder espiritual que aos seus corações eleva em energia, também aumenta e seus horizontes mentais se ampliam. Lenta e quase imperceptivelmente se abrem os sentidos internos, e os homens vão adquirindo maior capacidade receptiva, e cada passo para o alto concede à visão um campo mais ampliado.

Dignas de lástima são aquelas seitas e sociedades que tentam obter o conhecimento das verdades espirituais por meio da especulação filosófica, sem a prática da verdade. Inúteis são as cerimônias, se apenas se celebrarem exteriormente, sem que se compreenda seu significado oculto. Uma cerimônia externa não tem significação algum, a menos que seja a expressão de um processo interno que esteja ocorrendo na alma; ao não ser assim, a cerimônia é tão-somente uma ilusão e uma vergonha. Se se verifica o procedimento interno, o significado do símbolo externo será compreendido facilmente. O fato de que a significação dos símbolos não seja compreendida e que se tenha convertido em origem de disputas e diferença de opiniões entre as distintas seitas, demonstra a perda do poder interno e que todas aquelas seitas apenas possuem o aspecto morto no exterior.

A base em que a religião de seitas e sociedades secretas fundamentam-se é o amor e a admiração egoísta do eu. Se bem que algumas pessoas generosas e anti-egoístas possam encontrar-se entre as seitas e as sociedades secretas, não obstante o verdadeiro sectário espera apenas obter benefícios para si mesmo. Para si mesmo e pela sua própria salvação é somente pelo que roga e reza, e, se conclui alguma boa ação, é com o objetivo de obter algum prêmio.

Portanto, vemos o cristianismo dividido em algumas centenas de sociedades, seitas e religiões diferentes, muitas das quais se odeiam e procuram prejudicar-se umas às outras, olhando-se mutuamente com desprezo. E assistimos ao clero de todos os países tratando de obter poder político e de promover seus interesses egoístas ou o interesse egoísta da sua igreja. Perderam de vista o Deus universal da humanidade e colocaram o deus do eu em seu lugar. Pretendem eles estar em posse de poderes Divinos que não têm, e seja qual for o poder que possuam, empregam-no para obter benefícios materiais para sua igreja.

Assim, vemos que o Divino princípio da verdade é prostituído todos os dias e todas as horas nas igrejas, que são, tão-somente mercados para os que as ocupam. O templo da alma encontra-se, todavia, ocupado pelos mercadores e dele permanece excluído o espírito de Cristo.

Cristo, a Luz Universal do Logos Manifestado, a Vida e a Verdade, está em todas as partes e não pode ser encerrado, nem numa igreja, nem numa sociedade secreta. Sua Igreja é o universo e seus altares, o coração de cada ser humano em que sua luz é admitida. O seguidor verdadeiro de Cristo não conhece Eu algum e não sabe o que é um desejo egoísta. Não se preocupa pelo bem-estar de más igrejas, que não seja daquela que é suficientemente dilatada para conter a humanidade inteira, sem levar em conta diferenças nem opiniões. Preocupa-se muito pouco com sua salvação pessoal e muito menos espera obtê-la à custa de outra pessoa. Sentindo-se ele mesmo sumido no amor imortal, sabe que já é imortal naquele princípio; sabendo que seu ego individual tem suas raízes na consciência eterna de Deus, bem pouco se preocupa com aquele Eu pessoal que não é mais do que uma ilusão fixa do contato do espírito eterno com a matéria. O verdadeiro seguidor da luz não possui mais vontade, pensamento ou desejo do que aquele que o Espírito Universal quer, pensa ou deseja por meio dele. Pôr o Eu de alguém em situação receptiva para a luz divina, executar o que sua vontade indica e converter-se, assim, num instrumento, por meio do qual possa Deus manifestar seu Divino poder sobre a terra, é o único meio de obter a ciência espiritual e de converter-se num *Irmão da Cruz ou da Rosa de Ouro*.

Carta VII – Os irmãos

O que segue são extratos de uma carta (oculta) dirigida a K. Von Eckhartshausen. A carta é de 1801 e falta assinatura.

Para satisfazer teu desejo de obter notícias acerca do *Círculo Interno dos Irmãos*, comunicamos-te o seguinte: não perguntes quem são as pessoas que escreveram estas cartas; busca o valor dos escritos por seus próprios méritos. Considere o espírito com que foram escritas e não meramente as palavras nelas contidas. Não nos move motivo egoísta algum; é a luz que dentro de nós existe o que nos instiga a operar. É esta luz interna a que nos impele a escrever-te, e nossas credenciais são as verdades que possuímos, que serão facilmente reconhecidas por todos aqueles para os quais a verdade é tudo. Comunicá-las-emos a ti, na medida em que fores capaz de recebê-las e tenhas a liberdade de aceitar ou de não aceitar o que te dizemos; porque a Sabedoria Divina não clama por admissão, é uma luz que brilha com tranqüilidade eterna e que espera pacientemente o dia em que é reconhecida e admitida.

Nossa comunidade existiu desde o primeiro dia da criação e continuará existindo até o último; é a Sociedade dos *Filhos da Luz*, e seus membros são aqueles que conhecem a luz que brilha no interior e exterior das trevas; nós conhecemos a natureza do destino do homem; temos uma escola em que a mesma sabedoria Divina é o Mestre e ela ensina a todos aqueles que desejam a verdade, pela verdade mesma e não meramente em razão de qualquer benefício mundano que possa resultar da sua posse.

Os mistérios explicados naquela escola referem-se a cada uma das coisas possíveis de serem conhecidas com respeito a Deus, à natureza e ao homem; todos os antigos sábios aprenderam em nossa escola e nenhum jamais aprendeu a sabedoria em outro lugar. Entre os seus membros, há os que são habitantes também de outros mundos distintos deste. Estão espalhados pelo universo inteiro, mas um Espírito Único é quem os une e as diferenças de opinião não existem entre eles. Todos estudam por um só livro, e o método de estudo é o mesmo para todos.

Nossa sociedade encontra-se composta de eleitos, ou seja, daqueles que buscam a luz e que são capazes de recebê-la, e aquele que possui a maior receptividade por aquela luz é nosso chefe. Nosso ponto de reunião é intuitivamente reconhecido de cada membro e facilmente alcançado por todos, importando quase nada o lugar onde residem. Está muito próximo e, não obstante, encontra-se oculto aos olhos do mundo, e ninguém que não seja um iniciado pode encontrá-lo. Aqueles que amadureceram podem entrar, e os que não estão maduros aguardam.

Nossa ordem tem três graus. Ao primeiro, chega-se pelo poder da inspiração divina, ao segundo, através da iluminação interior e ao terceiro e mais elevado, graças à contemplação e à adoração.

Em nossa sociedade não existem, disputas nem controvérsias, nem especulações, nem sofismas, nem dúvidas, nem ceticismos e aquele a quem se lhe apresenta a melhor oportunidade para fazer o bem é o mais feliz entre nós. Temos a posse dos maiores mistérios e, não obstante, não somos nenhuma sociedade secreta, porque nossos segredos são um livro aberto para cada um que se disponha a lê-lo. O segredo não é devido a termos pouco desejo de ensinar; deve-se à fraqueza daqueles que pedem que se lhes ensine.

Nossos segredos nem podem ser comprados por dinheiro algum, nem podem ser demonstrados; são unicamente compreensíveis por aqueles cujos corações são capazes de receber sabedoria e amor fraterno e em quem estes poderes começaram a despertar. Aquele em quem o fogo sagrado começou é feliz e está contente. Ele percebe a causa das misérias humanas e a necessidade inevitável do mal e dos sofrimentos; sua visão clara permite-lhe ver o fundamento de todos os sistemas religiosos e os reconhece como modificações de verdades relativas que, contudo, não entraram em equilíbrio, por não ter obtido ainda os conhecimentos necessários.

A humanidade vive num mundo de símbolos, cuja significação não é todavia, compreendida por muitos, mas aproxima-se o dia em que o espírito vivente que encerra todos estes símbolos será conhecido em geral e serão revelados os sagrados mistérios. Perfeito conhecimento de Deus, perfeito conhecimento da natureza e perfeito conhecimento do homem, são as três luzes que, sobre o altar da verdade, iluminam o santuário do templo da sabedoria.

Existe somente uma religião fundamental e uma fraternidade universal tão-somente. Formas externas, sistemas e associações religiosas, tudo são cascas sob as quais uma porção da verdade permanece oculta, e estas coisas externas são unicamente verdadeiras à medida que representem as verdades que encerram no seu interior. São necessárias a todos aqueles que não obtiveram o poder de compreender que, pouco a pouco, a verdade, ainda que para eles invisível, existe; é dar lugar a que neles nasça esta crença que lhes servirá como base a partir da qual sua fé, ou seja, seu conhecimento espiritual, poderá começar a desenvolver-se; mas, se as formas externas de um sentimento religioso representam verdades internas que não existem naquele sistema, então não representam mais do que festas de máscaras desavergonhadas.

Existem tantos erros, quanto formas e teorias, porque as teorias podem ser apenas relativamente certas, e sendo infinita a verdade absoluta, não pode ficar circunscrita a uma forma limitada. Os homens tomaram equivocadamente a forma pelo espírito, o símbolo pela verdade, e deste engano brotaram erros infinitos. Estes erros não podem ser corrigidos por meio de denúncias, nem com ardentes controvérsias, nem assumindo uma atitude hostil contra aqueles que vivem no erro; as trevas não podem desvanecer-se, combatendo-as com armas; é a luz a que acaba com elas, e ali, é onde entra o saber, e cessa a ignorância.

Neste século presente que acaba de iniciar, aparecerá a luz. Coisas ocultas durante séculos serão conhecidas, muitos véus serão descobertos e será revelada a verdade que existe na forma e mais além dela; a humanidade como um todo aproximar-se-á mais de Deus. Não podemos dizer-te, agora, porque isso terá lugar neste século; nos limitaremos unicamente a dizer que para cada uma das coisas existe seu tempo e seu lugar correspondente e que todas as coisas no universo encontram-se reguladas por uma lei divina de ordem e de harmonia. Primeiro veio o símbolo que continha a verdade, veio depois a explicação do símbolo e depois desta, a verdade mesma será recebida e conhecida, não como uma árvore que se vê e se percebe, depois que a semente brotou, sendo a semente o símbolo no qual o seu caráter íntegro permanecia sintetizado. Nosso dever é prestar ajuda ao nascimento da verdade e abrir as cascas nas quais a verdade se encontra contida, reavivando em todas as partes os hieroglifos mortos. Fazemos isso, não por nosso próprio poder, mas graças ao poder da luz que opera em nós como um instrumento.

Não pertencemos a nenhuma seita, não temos outra ambição senão satisfazer, não desejamos ser conhecidos, nem somos daqueles a quem desgosta o presente estado de coisas no mundo e que desejam governar para impor sobre a humanidade suas opiniões. Não existe pessoa nem partido algum que exerça influência sobre nós, nem esperamos prêmio pessoal por nossos trabalhos. Possuímos uma luz que nos permite conhecer os mistérios mais profundos da natureza e um fogo que é o que nos alimenta e, por meio do qual, podemos operar sobre todas as coisas que existem na natureza. Possuímos as chaves para todos os segredos e o conhecimento do laço que une nosso planeta com todos os outros mundos. Nossa ciência é uma ciência universal porque abraça o universo inteiro, e sua história começa com o primeiro dia da criação. Estamos de posse de todos os antigos livros de sabedoria. Tudo na natureza encontra-se sujeito à nossa vontade, porque nossa vontade é Una com a do Espírito Universal, que é a potência motriz do universo inteiro e a origem eterna de toda a via. Não necessitamos de informe algum, quer seja de homens, quer seja de livros, porque temos o poder de perceber tudo quanto existe e o de ler no livro da natureza, livro no qual não existem erros. Em nossa escola ensina-se tudo, porque a Luz que produziu todas as coisas é nossa Mestra.

Podemos falar-te do mais maravilhoso que conhecemos, que está tão fora do alcance, ainda do filósofo mais erudito dos nossos tempos, como o está o Sol da Terra; mas que se encontra tão próximo de nós como a luz do espírito da qual emana, entretanto, não é nossa intenção o exercitar tua curiosidade. Desejamos criar dentro de ti a sede da sabedoria e a fome do amor fraterno, a fim de que possas abrir teus olhos à luz e contemplar por ti mesmo a verdade divina. Não nos compete, aproximarmo-nos de ti e abrir o teu entendimento; é o poder da verdade mesma o que entra no coração; é o desposado Divino da alma quem chama à porta; muitos são os que não o querem admitir porque se encontram mergulhados nas ilusões da existência externa.

Desejas tornar-te um membro da nossa sociedade? Se é assim, penetra em teu coração. Desejas conhecer os *Irmãos*? Se é assim, aprende a conhecer a divindade manifestando-se por si mesma dentro da tua própria alma. Busca dentro de ti aquilo que é perfeito, imortal, e não está sujeito a mudança alguma e, quando o tiveres encontrado, estarás dentro da nossa sociedade e conhecerás a nós. Em nosso círculo, não se podem admitir imperfeições de nenhum gênero e, antes de que possas entrar nele, tens que retirar de ti todas as imperfeições da tua natureza. Os elementos corruptíveis do teu interior devem ser consumidos pelo fogo do amor Divino. Deves ser batizado com a água da verdade e estar revestido de uma substância incorruptível que é produzida por pensamentos puros. O interno *sensorium* deve ser aberto à percepção das verdades espirituais, e a mente iluminada pela sabedoria Divina. Agora se desenvolverão dentro da tua própria alma grandes poderes, até então para ti desconhecidos, e poderás vencer o mal. Teu ser inteiro será restaurado e transformado num ser de luz, e teu corpo servirá de mansão para o espírito Divino.

Me perguntas: quais são vossas doutrinas? Não temos nenhuma para proclamar, porque, qualquer que seja a que apresentemos, não pode ser para ti mais do que uma opinião duvidosa, enquanto não possuas o conhecimento de ti mesmo. Este conhecimento têm que ser obtido por meio da instrução externa e deve ir desenvolvendo-se dentro de ti mesmo. Interroga o espírito Divino em teu interior, abre teus sentidos internos à compreensão do que diz e responderá tuas perguntas. Tudo quanto podemos fazer é dar-te algumas teorias para que as consideres e as examines. Não para que nelas meramente creias, porque procedem de nós, sem antes examiná-las e com elas ficares satisfeito, mas para que possam servir-te à maneira de marcos e sinais durante tuas excursões pelo labirinto do próprio exame.

Uma das proposições que desejamos submeter a tua consideração é que a humanidade, como um todo, não será feliz de um modo permanente, até que haja absorvido o espírito da sabedoria divina e do amor fraterno. Quando isso tiver lugar, as coroas dos que regem o mundo terão razão pura e não adulterada, seus cetros terão amor, serão ungidos com poder para libertar os povos da superstição e das trevas e as condições externas da humanidade melhorarão, depois que houver o aperfeiçoamento interno. A pobreza, o crime e a enfermidade desaparecerão. Outra proposição diz que uma das causas por que não são os homens mais espirituais e inteligentes, é à grosseria e densidade das partículas materiais que compõem seus corpos, que impedem a livre ação do elemento espiritual neles contido, e que, quanto mais grosseiramente vivam e quanto mais se deixem dominar pelos prazeres sensuais, animais e semi-animais, tanto menos serão capazes de lançarem-se em pensamento às regiões superiores do mundo ideal e de perceberem as eternas realidades do espírito. Vê as formas humanas que encontras pelas ruas; repletas de carnes, cheias de impurezas animais e com o selo da intemperança e da sensualidade impresso em seus rostos e pergunta-te a ti mesmo se estão ou não adaptadas para as manifestações internas da sabedoria divina. Também nós dizemos que espírito é substância, realidade. Seus atributos são: indestrutibilidade, impenetrabilidade e duração. *Matéria é uma agregação* que produz a ilusão da forma; é divisível, penetrável, corruptível e está sujeita a mudanças contínuas. O reino espiritual é um mundo indestrutível, atualmente existente, cujo centro é o Cristo (*o Logos*) e seus habitantes são poderes conscientes e inteligentes; o mundo físico é um mundo de ilusões, que não contém verdade absoluta. Cada uma das coisas existentes dentro do mundo externo são apenas relativas e fenomênicas; é este mundo, por assim dizer, a pintura sombria do mundo eterno e real, produzida pela luz do espírito vivente que opera no interior e no exterior da matéria animada.

A inteligência inferior do homem toma suas idéias emprestadas do reino sempre instável do sensual e encontra-se, portanto, sujeita a uma mudança contínua; a inteligência espiritual do homem, ou seja, sua intuição, é um atributo do espírito e portanto imutável e Divina. Quanto mais etéreas, refinadas e móveis sejam as partículas que constituem o organismo físico do homem, com maior facilidade penetrará nelas a luz divina da inteligência e da sabedoria espiritual.

Um sistema racional de educação têm que fundamentar-se no conhecimento da constituição física, psíquica e espiritual do homem, e será unicamente possível no dia em que for conhecida por completo a inteira constituição do homem e não meramente o seu aspecto material, senão também o seu aspecto espiritual. O aspecto externo da constituição humana pode ser estudado valendo-se de métodos externos, mas o conhecimento do seu organismo invisível pode apenas ser obtido por meio da introspecção e do estudo de si mesmo. O mais importante conselho que temos para dar-te é, portanto:

APRENDE CONHECER TEU PRÓPRIO EU

As proposições anteriores são suficientes para que as medites e examines à luz do espírito, até que recebas mais ensinamentos.

A Maçonaria e suas origens

O que é a maçonaria? O Dicionário Enciclopédico da Maçonaria define-a como "Uma Associação universal, filantrópica, filosófica e progressiva que procura inculcar em seus adeptos o amor à verdade, o estudo da moral universal, das ciências e das artes, desenvolver no coração humano os sentimentos de abnegação e de caridade, a tolerância religiosa e os deveres da família. Tende a extinguir ódios de raça, antagonismos de nacionalidade, de opiniões, de crenças e de interesses, unindo todos os homens pelos laços da solidariedade e conjugando-os num terno afeto de mútua correspondência. Procura enfim melhorar a condição social do homem, por todos os meios lícitos, especialmente a instrução, o trabalho e a beneficência. Tem por divisa Liberdade, Igualdade e Fraternidade."

Para H. P. Blavatski, a maçonaria moderna seria um pálido e obscurecido reflexo da maçonaria oculta primitiva, que repousava sobre três graus fundamentais, sendo o triplo dever do maçom estudar *de onde vem, quem é e para onde vai*, isto é, o estudo de si mesmo e da sua futura transformação; dessa forma, as iniciações maçônicas se derivariam dos mistérios menores da antiguidade.

A doutrina secreta afirma: "O terceiro grau conhecia-se desde tempo imemorial, tanto no Egito como na India, e conserva-se languidamente nas lojas com o nome de *morte e ressurreição de Hiram-Abiff, o filho da viúva*. Chamava-se a este *Osíris* no Egito, na India, '*Loka-shakshu*' (olho do mundo) e também '*Dinakara*' (o criador do dia) ou seja, o Sol. Em todas as partes, designava-se o rito em si com o nome de '*porta da morte*'. Outros crêem (casualmente com maior razão) que a maçonaria tem por fundamento a essência da *Kabala*, dos ensinamentos daqueles Divinos maçons que estabeleceram os mistérios dos pré-históricos e antidiluvianos templos de iniciação, erigidos por construtores verdadeiramente sobre-humanos".

Ainda que, nos textos maçônicos, as referências a uma origem mística desse tipo sejam freqüentes, os maçons da atualidade prefiriam cingir-se à origem histórica e concreta da maçonaria, isto é, as irmandades profissionais de construtores de catedrais e outros templos da Idade Média. Estas eram organizações a serviço do bem-estar material e espiritual dos seis membros que por vez possuíam segredos de ordem técnica e de ordem ritual ou de iniciação. De fato, os primeiros indícios documentados da existência da maçonaria remontam ao século XIII, época em que alguns albigenses (em francês, maçons) começavam a tornar seus grêmios independentes da tutela dos beneditinos. Os novos grêmios, algo semelhantes aos sindicatos de agora, monopolizavam a construção das catedrais e dos castelos, que, por sua vez, eram os projetos mais lucrativos da época. Para descansar, reuniam-se em palhoças ou oficinas (em francês, loges), onde, por sua vez, levavam a cabo suas juntas e reuniões. Como era comum naquele tempo, os grêmios adotaram cerimônias e rigorosos processos de admissão e seleção para protegerem suas técnicas e seus conhecimentos de alvenaria e construção do gótico. Assim mesmo, os conhecimentos eram repartidos de acordo com a sua hierarquia na obra: mestre, companheiro ou aprendiz. Dada sua relação com a Igreja, basearam todos os seus cerimoniais na Bíblia e, como construtores que eram, recorriam freqüentemente à única passagem bíblica que detalha um processo de construção: a construção do templo de Salomão.

Com o tempo, os grêmios de construtores góticos foram crescendo e dimensionando-se por várias cidades européias, mas, no final do século XVI, com a chegada do estilo renascentista, que os estava tirando do mercado, estavam a ponto de desaparecer. Desejosos de conservar sua organização, dado que a fraternidade não apenas lhes oferecia segurança no emprego, mas um *status* na sociedade, começaram a admitir membros honorários, em geral pessoas ricas e influentes que lhes servia de tutela e de proteção. Como os processos de seleção eram muito rigorosos e o nível cultural dos membros, bastante alto em comparação com os padrões daquela época, logo se converteram no destino favorito de alguns intelectuais que, ao passar a tomar parte da maçonaria, obtinham o respaldo de um grupo influente na comunidade e a tranqüilidade de poder discutir qualquer tema sem temer infiltrações ou represálias das autoridades civis ou religiosas, pois todos os membros haviam jurado segredo. Desse modo, no século XVIII, a composição da fraternidade maçônica havia mudado por completo. Os membros dedicados à construção eram já uma minoria insignificante, e os intelectuais haviam assumido o controle da organização. É propriamente na Inglaterra onde se dá a passagem de uma maçonaria "operativa" (a dos construtores que trabalhavam a pedra com suas próprias mãos e ferramentas) a outra especulativa, em que a construção é apenas simbólica, trabalhando-se a humanidade, mediante a modelagem do próprio ser. A partir desse momento, por *iniciação*, há que entender-se *"entrar"*, quer dizer, a passagem de um homem que deseja mudar seu *"modo"* de conhecer, de atuar, de ser e que quer cultivar sua alma. Esta passagem desenvolve-se numa iniciação simbólica, mediante um ritual que resume esse transe e que capacita o neófito a executá-lo.

No dia 24 de junho de 1717 funda-se a *Grande Loja de Londres*, a partir de quatro pequenas lojas que a precederam, e, em 1726, abre-se a primeira loja em Paris.

A primeira constituição moderna reguladora da maçonaria especulativa é a redigida pelo pastor presbiteriano inglês James Anderson, que elabora, em 1723, *"The constitutions of the free-masons"*. Esses textos contém quatro partes: uma história lendária da ordem e da arte maçônica, os chamados "deveres", um regulamento para as lojas e os cantos para os três graus iniciais. A parte mais importante é a relativa aos "deveres", em que estabelece, como pilar fundamental, a crença no *"Grande Arquiteto do Universo"*, ainda que em outros artigos procure marcar distância do cristianismo, através de algumas referências ao esoterismo, ao segredo e ao relativismo. Esses componentes filosóficos ocasionaram, quase em seguida, a primeira cisão: a *Loja de Nova Iorque*, de caráter mais esotérico que a de Londres, que era mais racionalista.

Em 1813, uniram-se ambas as lojas, dando lugar à *Grande Loja Unida da Inglaterra*. Por sua vez, é redigido outro texto fundamental na maçonaria: os *Antigos Limites* ou *Ancient Land*

Marks. Trata-se do conjunto de regras tradicionais e imutáveis, transmitidas de forma oral desde suas origens até esse momento em que se plasmam por escrito. *A grande Loja Unida da Inglaterra* constitui-se depositária da tradição e da regularidade maçônica de caráter aristocrático e puritano em suas origens. Essa regularidade determina-se, hoje, a partir de vários critérios: *regularidade de origem* (apenas uma loja regular pode fundar outra loja regular), *regularidade territorial* (uma grande loja por país) *regularidade doutrinal* (crença em Deus, uso de um livro sagrado, exclusão das mulheres, proibição das discussões políticas).

Conforme se estende por toda Europa e América, a maçonaria acolhe com entusiasmo as correntes do enciclopedismo do século XVII, do racionalismo e do liberalismo. De forma paralela, os titulares enriquecem-se e se ampliam com aportes procedentes de grupos que cultivam a alquimia, a Cabala, o chamado neotemplarismo, a teosofia, a inclinação pelas coisas egípcias etc. Com tudo isso, sua descristianização com certeza se acentua.

A maçonaria estabelece-se na França, até 1721. Na Espanha, por iniciativa inglesa, já aparece em 1728, mas só será após a invasão napoleônica, quando se produzirá um verdadeiro desenvolvimento da ordem. Uma vez que irrompe na história, sua presença, mais ou menos oculta, faz-se notar com força. O maior número de maçons encontra-se, atualmente, nos Estados Unidos da América.

Relação com a Rosa-Cruz

Para alguns autores o nascimento da maçonaria está estreitamente relacionado com o fenômeno dos rosacruzes. Os maçons não costumam aceitar que a origem da sua ordem seja, ao menos em parte, Rosa-Cruz, mas é indubitável que as influências de ambos os movimentos foram mútuas e recíprocas. Não foi por acaso, maçonaria e Rosa-Cruz surgem no mesmo âmbito cultural e filosófico. Para muitos, os rosacruzes e a maçonaria constituíam originalmente um grupo único e idêntico que logo se subdividiu ao dedicarem-se, os maçons, mais a propagar as idéias filosóficas e filantrópicas, enquanto que os rosacruzes concentravam-se especialmente no trabalho cabalístico e alquímico. Os pontos de contato entre ambas as correntes são muito freqüentes. Robert Fludd, por exemplo (1574-1637), eminente cientista, (entre seus inventos destaca-se o barômetro) filósofo, astrólogo, cabalista e personagem de grande fama e influência em toda a Europa, ainda que publicamente sempre negou pertencer aos Rosa-Cruz ou à maçonaria, publicou em 1617, seu Tratado apologético em defesa da integridade da Sociedade Rosa-Cruz e, pouco antes com o pseudônimo de Joachim Frizius, havia difundido sua obra, Summum Bonum, espécie de programa para uma comunidade maçônica. Assim também, Comenius (1592-1670), discípulo e herdeiro de Juan Valentin Andreae, considerado por muitos como o fundador da moderna ordem Rosa-Cruz, é considerado ao mesmo tempo "o pai espiritual da ordem dos maçons". Francis Bacon (1561-1626) "imperator" da fraternidade Rosa-Cruz, exerceu uma influência extraordinária na maçonaria, e sua obra A Nova Atlântida plasma claramente os ideais e os princípios maçônicos. Até meados do séc. XVIII, é freqüente ver grupos de ambas as denominações com bastantes idéias e inclusive rituais idênticos ou muito parecidos. Em 1757, a Societas Rosae et Aureae Crucis adota forma maçônica, com um ritual bem definido, e do mesmo modo encontramos em Praga, na Baviera, na Áustria e na Hungria, lojas maçônicas com um pensamento nitidamente Rosa-Cruz. Johann Gotthier Buhle, no seu livro l´Ordre des Rose-Croix, editado em 1804, manifesta claramente este fato.

Em muitos dos graus maçônicos, vemos traços claramente Rosa-Cruz. "O cavalheiro da lâmpada inextinguível" faz pensar na lâmpada sempre acesa da tumba de Resenkreutz. Temos também as três virtudes teologais, nas três colunas da fé, da esperança e da caridade. O grau 18 do rito escocês antigo e aceito, que se pratica na maioria das lojas maçônicas de todo o mundo, denomina-se Grande Príncipe Rosa-Cruz. Neste grau se recolhem diversos símbolos tipicamente Rosa-Cruzes, como o triplo beijo, a águia, o pelicano, as barras de cera para lacrar, etc. Para onde se olha surgem símbolos e rituais maçônicos que traduzem sua origem hermética.

A seguir apresentamos três dos textos maçônicos antigos mais famosos. Dois deles, procedentes dos finais do século XIV e princípio do XV, referem-se às origens místicas da maçonaria: o manuscrito de Cooke relata a história da arte da construção antes do *Dilúvio Universal* e o *Regius* que conta uma suposta viagem de Euclides ao Egito, onde fundaria uma escola de geometria e construção. O terceiro, o manuscrito *Iñigo Jones*, é de uma época muito posterior, mas nem por isso, está isento de interesse.

O Manuscrito Cooke

Conservado no Museu Britânico, deve seu nome a seu primeiro editor, Mathew Cooke, que o publicou em 1861, em Londres, com o título de History and articles of Masonry. Data por volta de 1410, mas é a transcrição de uma obra recompilada que talvez remonte a mais de um século atrás. Divide-se em duas partes: a primeira que consta de 19 artigos, é uma história da geometria e da arquitetura. A segunda é um "Livro de Deveres" que inclui uma introdução histórica, nove artigos referentes à organização do trabalho, que foram promulgados durante uma assembléia geral, na época do rei Athelstan, nove conselhos de ordem moral e religiosa e quatro regras relativas à vida social dos maçons. Este documento serviu durante os últimos 300 anos, como base para numerosos trabalhos e recompilações maçônicas. Serviu de base ao trabalho de George Payne, segundo Grão Mestre da Grande Loja de Londres que o adotou para um primeiro regulamento em 1721. Além do mais, aparece como a principal fonte que inspirou Anderson na redação do seu livro das Constituições, em 1723.

O Manuscrito Cooke

História e artigos da maçoneria

Damos graças a Deus, nosso Pai glorioso, criador do Céu e da Terra e de tudo o que neles está e que Ele conhece, em virtude da Sua Gloriosa Divindade. Ele fez muitas coisas para ser obedecido e muitas delas em benefício da humanidade; ordenou-lhes submissão ao homem, porque todas as coisas que são comestíveis e de boa qualidade servem para o sustento do homem. E também deu ao homem inteligência e habilidade em diversas coisas, e a arte, por meio da qual podemos viajar por este mundo para procurarmos a subsistência, para fazer muitas coisas pela glória de Deus e também para nossa tranqüilidade e proveito. Se devesse enumerar todas as coisas, seria demasiado extenso para dizer e para escrever. Mostrarei uma delas ainda que deixe outras; isso é, de que modo começou a ciência da geometria e quais foram os criadores dela e de outras artes, como se revela na Bíblia e em outras histórias. Vou narrar, como disse, como e de que modo começou esta digna ciência da geometria.

Sabe-se que há sete ciências liberais, e logo saberá porque são chamadas desta maneira; e porque destas sete primeiras derivam todas as ciência e artes do mundo e especialmente por que aquela, a ciência da geometria, é a origem de todas.

Quanto à primeira, que é chamada o fundamento de toda ciência, é a gramática, que ensina ao homem a falar e a escrever de maneira justa. A segunda é a retórica, que ensina o homem a falar decorosamente, de maneira justa. A terceira é a dialética e ela ensina o homem a discernir o verdadeiro do falso e é chamada, comumente, arte ou filosofia. A quarta é chamada aritmética e ensina ao homem a arte dos números, para calcular e contar todas as coisas. A quinta é a geometria, que ensina ao homem os limites, a medida e a ponderação dos pesos de todas as artes humanas. A sexta é a música, que ensina ao homem a arte do canto nas notas da voz e do órgão, da trompa, da harpa e dos demais instrumentos.

A sétima é a astronomia, que ensina ao homem o curso do sol e da lua e das restantes estrelas e planetas do céu. Nosso principal fim consiste em tratar do primeiro fundamento da excelente ciência da geometria e de quem foram seus fundadores; como disse no princípio, há sete ciências liberais, quer dizer, sete ciências ou artes que são livres por si mesmas, as quais vivem somente por meio da Geometria.

E a Geometria é, como se disse, a medida da Terra: *"Et sic dicitur a geoge pin Px ter a Latine e metrona qquod est mensura. Unde Geometria i mensura terre vel Terrarum"*, ou seja, que a geometria é, como se disse, *geo*, a terra, e *metron*, medida, e assim o nome de geometria é composto, chama-se medida da terra.

Não se maravilhe de que tenha dito que todas as ciências vivem somente pela ciência da geometria, porque nenhuma delas é artificial.

Nenhum trabalho que o homem tenha realizado não é senão por meio da geometria; uma importante razão: se um homem trabalha com as mãos, trabalha então com qualquer tipo de utensílio e não há nenhum instrumento feito de coisas materiais deste mundo que não provenha da Terra e à Terra retorne, e não existe instrumento, isto é, instrumento para trabalhar, que não possua proporções. E proporção é medida, e utensílio, ou instrumento, é Terra. Por isso, pode dizer-se que os homens deste mundo vivem pelo trabalho das suas mãos.

Muitas outras provas lhe foram dadas sobre por que a Geometria é a ciência da qual vivem todos os homens razoáveis.

E agora procederei com meu argumento; você compreenderá que, dentre todas as artes do mundo, a mais importante é a Arte do Homem; a arte da construção tem a maior importância e a maior parte na ciência da Geometria, como está escrito e dito na *Storia*, na Bíblia, no *Polycronicon*, uma crônica ilustrada e na História de Beda, em *De Immagine Mundi* e no *Ethimologiarum* de Isidoro, em Metodio, bispo e mártir, e em muitos outros; digo que a Maçonaria é a principal arte da Geometria, como penso que bem se pode dizer, porque foi a primeira a ser criada; como se diz na Bíblia, no livro I do Gênesis, capítulo 4. E também todos os doutores mencionados o dizem, e alguns deles mais aberta e simplesmente, a este respeito, como está dito na Bíblia.

O filho direto da estirpe de Adão, desscendente das sete gerações de Adão, antes do Dilúvio, foi um homem chamado Lameth, que tinha duas mulheres; da primeira, Ada, teve dois filhos, um chamado Jabal e outro de nome Jubal. O mais velho, Jubal, foi o primeiro fundador da geometria e da construção e construiu casas e é chamado, na Bíblia, *"pater habitancium in tentoris atque pastorum*, quer dizer, pai dos homens que vivem em tendas, ou seja, em casas. E foi mestre de Caim e chefe de todos os seus trabalhadores, quando fez a cidade de Enoque, que foi a primeira cidade nunca construída e que Caim a entregou a seu filho e a chamou de Enoque. E agora é chamada de Ephraim.

A ciência da geometria e da maçonaria foi pela primeira vez empregada e inventada como ciência e arte e, por isso poderíamos dizer que foi a origem e fundamento de todas as artes e as ciências; e este homem, Jabal, foi chamado *Pater pastorum*". O mestre da história e Beda, *De Immagine Mundi, Polycronicón* e muitos outros, dizem que, pela primeira vez, ele fez repartição da terra, de modo que cada homem pudesse individualizar e conhecer seu campo e seu trabalho. E dividiu também rebanhos e ovelhas, e por isso podemos dizer que foi o primeiro fundador desta ciência.

E seu irmão Jubal ou Tubal foi o fundador da música e do canto, como afirma Pitágoras no *Polycronicón* e o mesmo Isidoro nas suas Etimologias; em seu livro I, disse que foi o primeiro fundador da música e do canto, do órgão e da trompa, e que encontrou a ciêcia do som pelos golpes dos metais graças a seu irmão, Jubalcaim.

A Bíblia diz, na verdade, no capítulo IV do Gênesis, que Lameth teve de outra mulher chamada Zilá um filho e uma filha. Seus nomes eram Tubalcaim, o filho, e a filha foi chamada Naama e, como disse o *Polycronicón*, foi a mulher de Noé.

Digo-te que este filho, Tubalcaim foi o fundador da arte da Forja e de todas as artes dos metais, isto é, do ferro, do ouro e da prata, como dizem alguns doutores, e sua irmã, Naama, foi a fundadora da arte dos tecidos; fiavam o fio e trabalhavam o ferro, e faziam-se vestidos como podiam, mas a mulher, Naama, encontrou a arte do tecido, que agora é chamada a arte das mulheres; e estes três irmãos sabiam que Deus se vingaria do pecado, ou com o fogo, ou com a água, e tomaram o maior cuidado para salvar as ciência que haviam encontrado e aconselharam-se entre si e, graças a seu engenho, disseram que havia dois tipos de pedra de tal qualidade que a primeira não podia jamais ser queimada, e esta pedra chama-se mármore e que a outra não podia ser afundada e esta pedra chama-se "laterus" (espécie de tijolo). E por isso idealizaram escrever toda a ciência que haviam encontrado, nestas duas pedras, de maneira que se Deus se vingasse com o fogo, o mármore não seria queimado, e se Deus se vingasse com água, a outra pedra não submergeria. E por isso rogaram ao irmão mais velho de Jabal que construísse duas colunas com estas pedras, isto é, de mármore e de tijolos, e que esculpisse nos dois pilares todas as ciências e as artes que haviam encontrado. E assim se fez, e por isto podemos dizer que foram muito hábeis na ciência que iniciaram e que persistiram até o fim, antes do dilúvio de Noé: sabendo que a vingança de Deus se produziria, seja com o fogo ou com a água, os irmãos, como por uma espécie de profecia, sabiam que Deus ordenaria uma e por isto escreveram nas duas pedras as sete ciências, pois pensavam que a vingança chegaria. E ocorreu que Deus vingou-se, e houve um tal dilúvio, que todo mundo foi submerso e morreram todos, menos oito pessoas. E foram Noé e sua mulher e seus três filhos e suas mulheres, e destes filhos procede todo o mundo. E os três filhos foram assim chamados: Sem, Cam e Jafé. E este dilúvio foi chamado o dilúvio de Noé, porque somente se salvaram ele e seus filhos.

    E muitos anos depois do Dilúvio, como narra a Crônica, estas duas colunas foram encontradas, e como disse o *Polycronicón*, um grande doutor, chamado Pitágoras, encontrou uma e Hermes, o filósofo, encontrou a outra e ensinaram as ciências que nelas acharam escritas. Qualquer crônica e muitos outros doutos e principalmente a Bíblia testemunham a construção da torre de Babel; e está escrito na Bíblia, Gênesis, capítulo X, que Can, filho de Noé, foi pai de Nimrod e que este se transformou num homem forte como um gigante e que foi um grande rei. E o início do seu reino foi o do verdadeiro reino da Babilônia, de Arach e Archad e Calan e da Terra de Senaar. E este mesmo Nimrod iniciou a construção da torre de Babilônia e ensinou a seus operários a arte da medida, e havia muitos construtores, mais de 40 mil. E amava-os e tinha-os em grande estima. E isto está escrito no *Polycronicón* e em muitas outras Histórias, e em parte, testemunhado pela Bíblia; e no capítulo X do Gênisis, onde se diz que Asur, que era um parente vizinho de Nimrod, saiu da Terra de Senaar e construiu a cidade de Nínive e de Plateas e muitas outras, assim disse: *"De Terra illa i de Sennam egressus est Asure e edificauit Nunyven e Plateas civitatiis e Cale e Jesen quoque inter Nunyven e hec est civitas magna."*

A razão quer que digamos abertamente como, e de que modo, foi fundado o ofício da construção e quem foi o primeiro a dar-lhe o nome de Maçonaria. Deveria saber que está dito e escrito no *Polycronicón* e no Metodio, bispo e mártir, que Asur, que foi digno Senhor de Senaar, pediu ao rei Nimrod que lhe enviasse maçons e operários do Ofício que pudessem ajudá-lo a construir a cidade que desejava edificar. E Nimrod enviou-lhe 300 maçons. E, quando deviam partir, chamou-os diante de si e disse-lhes isto: "Deveis acudir ao chamado do meu primo Asur para ajudá-lo a construir uma cidade, mas vigiai para que esteja bem dirigida; vou dar a vós um cargo de grande proveito para vós e para mim. Quando chegardes perante este senhor, procurai ser tão leais a ele como o sois comigo; fazei como se fôsseis irmãos e permanecei lealmente unidos; aquele que tenha maior habilidade ensine o seu companheiro e se resguarde de guiá-lo contra vosso Senhor, para que assim eu possa receber mérito e agradecimento por tê-los enviado perante ele e por haver lhes ensinado a Arte". Eles receberam o encargo de seu patrão e senhor e chegaram perante Asur e construíram a cidade de Nínive, no país de Plateas, e outras cidades entre Cale e Nínive. E, deste modo, a arte da construção foi engrandecida e imposta como ciência.

Os nossos primeiros antepassados, os maçons, tiveram esta responsabilidade, como se encontra escrito nos nossos Deveres e também como já o vimos escrito em francês, em latim e na história de Euclides; mas agora diremos de que maneira Euclides chegou a ter conhecimento da geometria, assim como está escrito na Bíblia e em outras histórias. No capítulo 12 do Gênesis, conta-se que Abraão chegou à terra de Canaã e Nosso Senhor se lhe apareceu e lhe disse: "Dar-te-ei esta terra a ti e a tua descendência", mas houve uma grande carestia sobre terra e Abraão tomou Sara, sua mulher, e seguiram para o Egito em peregrinação, e, enquanto durou a carestia, lá permaneceram. Abraão, como diz a crônica, era um homem sábio e um grande doutor e conhecia as sete ciências e ensinou aos egípcios a ciência da geometria. E este digno sábio, Euclides, foi seu aluno e com ele aprendeu. E eles, pela primeira vez, deram-lhe o nome de geometria, pois antes não havia este nome. Assim se conta nas *Ethimologiarum* de Isidoro, no livro cinco, capítulo I, que Euclides foi um dos fundadores da geometria e que lhe deu este nome porque, naquele tempo, havia um rio no Egito, o Nilo, que cresceu a tal ponto na terra que os homens não podiam habitá-la.

Por isso, esse digno estudioso, Euclides, ensinou-os a fazerem grandes muros e fossos para reter a água, e eles, com a geometria, mediram a terra e dividiram-na em muitas partes, e cada qual fechou sua parte com muros e fossos, e por isso a terra tornou-se fértil e deu todo tipo de frutos e de jovens, de homens e de mulheres, mas eram tantos os jovens que não podiam viver bem. E os governantes, senhores do país, reuniram-se em conselho para ver como ajudar seus filhos que não haviam encontrado sustento. E neste conselho encontrava-se este digno sábio, Euclides, e quando viu que não podiam decidir sobre a questão, disse-lhes: "Tomai vossos filhos e ponde-os sob meu comando e os ensinarei uma ciência tal que vivarão com ela, dos Senhores, com a condição de jurar que me serão fiéis e eu farei isto por vós e por eles". E o rei e todos os senhores se asseguraram da promessa. Levaram seus filhos perante Euclides, que os dirigisse a seu prazer, e ele lhes ensinou esta arte, a maçonaria, e deu-lhe o nome de geometria, por causa da divisão dos terrenos que havia ensinado às pessoas no tempo da construção das muralhas e dos fossos, e Isidoro disse no *Ethimologiarum* que Euclides a denominou geometria. E deu-lhes a obrigação de se chamarem, uns aos outros, de Companheiros, e não de outra forma, porque pertenciam a uma mesma arte e eram de sangue nobre e filhos de senhores. E que o mais hábil devia ser o guia no trabalho e ser chamado Mestre, e atribuiu-lhe outros encargos que estão escritos no Livro dos Deveres. E assim eles trabalharam com os senhores da terra e construíram cidades, castelos, templos e palácios. Nesse tempo, os filhos de Israel que habitavam o Egito aprenderam a arte da maçonaria. E logo, quando foram conduzidos para fora do Egito, chegaram à terra de Behest, que agora se chama Jerusalém. E o rei Davi iniciou as construções do templo de Salomão. O rei Davi amava os maçons e deu-lhes direitos como antes não tinham. E na construção do templo, nos tempos de Salomão, como diz a Bíblia, no 3º Livro *Regum in Tercio Regam*, capítulo quinto, Salomão tinha oitocentos mil construtores a seu serviço. E o filho de Tiro era seu chefe. Em outras crônicas em outros livros de maçonaria diz-se que Salomão lhes confirmou o encargo que Davi, seu pai, havia dado aos maçons. E o próprio Salomão ensinou-lhes de forma pouco distinta das usadas agora. E, dali, esta importante ciência foi levada à França e outras regiões.

Houve, em um tempo, um digno rei da França chamado Carolus Secundus, isto é, Carlos II, e este Carlos foi eleito rei da França pela graça de Deus e por sua estirpe. E este mesmo Carlos era maçom, antes de ser rei, e quando chegou a rei amou aos maçons e os teve em grande estima e deu-lhes deveres e regulamentos, conforme seu desígnio, e alguns deles estão em uso na França; e ele mesmo estabeleceu que deveriam reunir-se em Assembléia uma vez por ano para falarem entre si, Mestres e Companheiros, e para deliberar quem havia de guiá-los e para emendar todas as coisas equivocadas.

Pouco depois, Santo Adabélio chegou na Inglaterra e converteu Santo Albano ao cristianismo. E Santo Albano amava os maçons e deu-lhes, pela primeira vez, encargos e empregos na Inglaterra. E fixou-lhes um tempo conveniente para pagar-lhes o trabalho. Houve depois, um importante rei na Inglaterra, chamado Atthelstan, e seu filho mais novo amava a Ciência da Geometria e sabia bem que arte manual do ofício praticava a Ciência da Geometria como os maçons, pelo que os reuniu em conselho e adotou a prática desta ciência para a especulação, porque na especulação era mestre e amava a maçonaria e os maçons. Ele próprio se tornou maçom e deu-lhes encargos e nomes que ainda estão em uso na Inglaterra e em outros países. Estabeleceu que os maçons deveriam ser pagos razoavelmente por seu trabalho e conseguiu um decreto do Rei, que sancionou o direito a que se reunissem em assembléia quando cressem que houvesse passado um tempo razoável e que viessem escutar seus conselheiros, como está escrito e se ensina no Livro das nossas incumbências e deveres, para o que já deixo o argumento. Os homens de bem, por este motivo e deste modo assim fizeram que a maçonaria começasse.

Acontecia, às vezes que os grandes senhores não tinham grandes posses, assim, não podendo ajudar seus filhos nascidos livres, porque eram muitos, e por isso se aconselharam sobre como ajudá-los e o que estabelecer para que pudessem viver honestamente. Enviaram-lhes, então, sábios mestres da importante Ciência da Geometria, de modo que, com a sabedoria deles, pudessem os filhos encontrar uma honesta maneira de viver. Um deles, chamado Englet, que foi muito agudo e sábio fundador, estabeleceu uma arte que a denominou Maçonaria e com ela instruiu os filhos dos grandes senhores, a pedido dos pais e pela livre vontade dos filhos; depois de um certo período de tempo, após serem instruídos com grande cuidado, nem todos se mostraram igualmente capazes, pelo que o referido mestre Englet determinou que todos os que terminaram a aprendizagem com habilidade, deveriam ser admitidos no ofício com honra, chamou o mais hábil dos mestres para instruir os menos hábeis, e foram chamados mestres pela nobreza do seu engenho e pela habilidade na sua Arte. Desse modo, a referida Arte, iniciada em solo egípcio, propagou-se pela Terra de Reino em Reino.

Depois de muitos anos, no tempo do rei Athelstano, que foi rei da Inglaterra, seus conselheiros e outros grandes senhores, de comum acordo, por graves culpas lançadas contra os maçons, estabeleceram uma certa regra para eles; uma vez ao ano ou a cada três anos se correspondesse aos desejos do rei e dos grandes senhores do país e do povo, de província em província e de país em país, reunir-se-iam em assembléia todos os maçons e companheiros da referida arte; e em tais reuniões os mestres seriam examinados sobre os artigos da Constituição que foram logo escritos e se estabeleceu que fosse verificado se os mestres eram capazes e hábeis, para vantagem do seu soberano e para honra da sua Arte. Além disso, se estabeleceu que deveriam cumprir bem seus cargos de empregar os bens, pequenos ou grandes, de seus Senhores, porque deles percebiam a compensação por seu serviço e seu trabalho.

O primeiro artigo é este: que cada mestre desta arte deve ser sábio e leal para o Senhor a quem serve; e não pagar a nenhum obreiro mais do que pense que seja o merecido, distribuindo seus benefícios verdadeiramente como quisesse que fossem dispensados os seus, após haver levado em consideração a escassez de grãos e de víveres no País e não outorgando nenhum favor, para que todos sejam recompensados conforme seu trabalho.

O segundo artigo é este: que cada mestre dessa arte deverá ser informado antes de entrar na sua Comunidade; que sejam recebidos como convém; que não possam ser desculpados pela sua ausência, que não seja por algum motivo válido. Mas se são considerados rebeldes frente a tal comunidade, ou culpados de qualquer maneira, por danos aos próprios senhores, os culpados nesta Arte não serão perdoados de modo algum e serão julgados e se verificará sua expulsão, e ainda que se encontrem em perigo de morte, ou enfermos, sem risco de morte, se avisará o Mestre que for o chefe da Assembléia, quem deverá julgá-los.

O terceiro artigo é este: que nenhum mestre receba um aprendiz por um período menor de sete anos, pelo menos, porque, num prazo menor, não pode chegar propriamente a sua arte e, por conseguinte, será incapaz de servir lealmente ao seu senhor e de compreender a arte como um maçom deve compreendê-la.

O quarto artigo é este: que nenhum mestre tome para instruir, sem proveito, algum aprendiz a que esteja unido por vínculo sangüíneo, já que, devido ao seu senhor, a quem está ligado, o distrairá da sua arte e poderá chamá-lo diante de si fora da sua loja e do lugar onde trabalha; porque seus companheiros, talvez, o ajudem e combatam por ele, e então poderia ocfasionar um homicídio o que está proibido e também pelo motivo de que sua arte se iniciou com os filhos dos grandes senhores nascidos livres, como já se disse.

O quinto artigo é este: que nenhum mestre envie seu aprendiz, durante o tempo da sua aprendizagem, a outro, pois não pode sair disto proveito algum e, ainda que julgue poder agradar a seu novo senhor, mais importante é a vantagem que poderá obter o senhor do lugar em que foi preparado na sua educação.

O sexto artigo é este: que nenhum mestre, por cobiça ou proveito, receba aprendizes para ensinar-lhes coisas imperfeitas, e que tenham mutilações que lhes dificultem a realização do trabalho.

O setimo artigo é este: que nenhum mestre seja visto ajudando, protegendo ou sustentando algum ladrão noturno, pelo que por causa do furto seus companheiros não possam cumprir o trabalho diário e não possam organizar-se.

O oitavo artigo declara: que não aconteça que algum maçom, que seja perfeito e hábil, venha procurar trabalho e encontre um modo de trabalhar imperfeito e inábil; o mestre do lugar receberá o maçon perfeito e deixará o imperfeito para vantagem do seu senhor.

O nono artigo é este: que nenhum mestre tomará o posto de outro, porque foi dito, na arte da construção, que ninguém deverá terminar um trabalho começado por outro, para vantagem do seu senhor; assim, aquele que iniciou tem o direito de terminá-lo a seu modo, sejam quais forem os seus métodos.

Esta resolução foi adotada por vários senhores e mestres de diversas províncias e assembléias da maçonaria e assim diz:

Primeiro ponto: é necessário que todos os que desejem ser Companheiros da mencionada arte jurem por Deus, pela Santa Igreja e por todos os Santos, perante seu mestre e seus companheiros e irmãos.

Segundo ponto: Ele, o companheiro, deve cumprir seu trabalho diário em razão do que lhe seja pago.

Terceiro ponto: ele deve aceitar as resoluções dos seus companheiros na Loja e na Câmara e em qualquer outro lugar.

Quarto ponto: não enganará a sua arte nem a prejudicará, ou sustentará afirmações contra a arte ou contra alguém da arte, senão que a manterá com dignidade, porque ele pode.

Quinto ponto: quando receber seu pagamento, tomá-lo-á humildemente, já que o mestre estabeleceu o tempo do trabalho, e o restante, por ele ordenado, está permitido.

Sexto ponto: se uma discórdia qualquer surgir entre ele e seus companheiros, deverá obedecer humildemente e permanecer às ordens do mestre, ou, na sua ausência, do Vigilante designado pelo mestre; na festa religiosa seguinte deverá por-se à disposição dos companheiros, não num dia laborável, deixando o trabalho e o proveito do seu senhor.

Setimo ponto: que não deseje a mulher nem a filha do seu mestre, ou dos seus companheiros; e, se está casado, que não tenha concubina, porque poderiam surgir discórdias entre eles.

Oitavo ponto: se ocorrer que seja nomeado vigilante por seu mestre, que seja um seguro comunicador entre o mestre e seus companheiros e, na ausência do mestre, que o substitua com empenho, pela honra do mestre e para vantagem do senhor a quem serve.

Nono ponto: se for mais sábio e agudo do que o companheiro que trabalha com ele na Loja ou em qualquer outro lugar, e se percebe que o outro, por falta de habilidade, deva deixar a pedra sobre a qual está trabalhando e que pode ensiná-lo a corrigir a pedra, deverá instruí-lo, para que o amor cresça entre eles e o trabalho do senhor não seja perdido.

Sobre a assembléia de justiça

Quando o mestre e os companheiros forem avisados e chegarem a tais assembléias, se necessário, serão convidados a participar, junto aos companheiros e com o mestre da assembléia, o xerife do condado, ou o prefeito da cidade, ou o conselheiro mais velho da cidade na qual se celebra a assembléia, para servir de ajuda contra os rebeldes e para manter o direito do reino. No princípio entram no ofício homens novos que nunca foram acusados, de modo que não tenham sido nunca ladrões, ou cúmplices dos ladrões e, que desenvolvam seu trabalho diário pela recompensa que, do seu senhor, recebe e que dêem um verdadeiro resumo a seus companheiros das coisas que devem ser explicadas e ouvidas e os amem como a si mesmos. E devem ser fiéis ao rei da Inglaterra e ao reino, e ater-se, com todas as suas forças, aos artigos mencionados.

Depois disso se indagará se algum mestre ou companheiro, que tenha sido instruído, infringiu algum artigo, e ali se decidirá se nunca fez tais coisas. Por isso, vale dizer, se algum mestre ou companheiro, que tenha sido avisado da acusação antes de vir a tal assembléia, se rebele e não compareça, ou melhor, tenha transgredido algum artigo, se isto se demonstrar, deverá renunciar da sua participação da maçonaria e não poderá usar jamais da sua arte. E se ousar praticá-la, o xerife do país em que tenha sido encontrado trabalhando deverá colocá-lo na prisão e pôr todos os seus bens em mãos do rei, até que lhe seja mostrada e concedida a graça.

Por este motivo, os participantes desta assembléia estabelecerão que tanto o inferior como o superior devem ser lealmente servidores da sua arte em todo o reino da Inglaterra. Amém.

O Manuscrito Regius

O poema maçônico ou manuscrito real (regius), também chamado manuscrito Halliwell, devido ao nome do primeiro editor, que data cerca de 1390. Foi publicado em 1840 por James O. Halliwell em (The erly History of freemasonry in England) e é mencionado em 1670, num inventário da biblioteca John Seller, que foi vendida a Robert Scott (aparecendo num novo inventário realizado em 1678). O manuscrito pertenceu depois à biblioteca real até 1757 (daí seu nome de regius) data em que o rei Jorge II doou-o ao Museu Britânico, onde se conservou até a atualidade. Fizeram-se várias edições nas últimas décadas, tanto em inglês como em francês, sendo a melhor delas uma que foi realizada em fac-símile pelo The Masonic Book Club de Bloomington, Illinois, em 1970, reimpresso em 1975. A presente tradução, de F. Miñarro. está baseada no original inglês e na tradução francesa de E. M. de Carlo. O poema, composto por 794 versos em inglês antigo, com rima emparelhada, demonstra que os "mistérios" da fraternidade maçônica eram praticados na Inglaterra no século

XIV. Há indícios que permitem atribuir a obra a um sacerdote que talvez tenha exercido as funções de capelão ou de secretário. Os versos 143 a 146 parecem provar que a Franco-Maçonaria já aceitava membros estrangeiros no ofício. O Regius compõe-se das seguintes partes:

- Fundação da maçonaria no Egito por Euclides.
- Introdução da maçonaria na Inglaterra, sob o reinado de Adelstonus (rei saxão, 925- 939).
- Os deveres: quinze artigos.
- Os deveres: quinze pontos.
- Relato dos Quatro Coroados.
- Relato da Torre de Babel.
- As sete artes liberais.
- Exortação sobre a missa e como conduzir-se na Igreja.
- Introdução sobre as boas maneiras.

Aqui começam os estatutos da arte da geometria segundo euclides:

Quem quer que bem deseje ler e buscar,
Poderá encontrar escrito num velho livro
De grandes senhores e damas da história
Que certamente, muitos filhos tinham;
Mas não possuíam terras para viver delas,
Nem na cidade, nem nos campos ou nos bosques;
Um conselho deram a todos eles:
Para decidir pelo bem destas crianças,
Acerca de como poderiam ganhar a vida
Sem grandes penúrias, preocupações nem lutas;

E também para a multidão que virá,
Alguns deles foram enviados
Em busca de grandes clérigos,
Para que lhes ensinassem boas profissões;
Enós lhes rogamos pelo amor de Nosso Senhor,
Para que nossos filhos encontrem trabalho,
E possam assim ganhar a vida,
De forma honesta e muito segura.
Já naqueles tempos, pela boa geometria,
Este honesto ofício que é o da maçonaria
Foi ordenado e criado de tal maneira,
Concebido por todos estes clérigos;
Graças às suas orações inventaram eles
A geometria.
E lhe deram o nome de maçonaria
Ao mais honrado de todos os ofícios.
Os filhos destes senhores se aplicaram
Na aprendizagem do ofício da geometria,
Que muito cuidadosamente fizeram;
A oração dos pais e também das mães,
Colocou-os neste honrado ofício,
E aquele que melhor aprendia, e era honesto,
E superava em atenção a seus companheiros,
Se neste ofício os avantajava,
Devia ser mais honesto que o último.
Este grande clérigo chamava-se Euclides,
Seu nome era conhecido em todo o mundo,
Mas este grande clérigo ordenou
A quem mais elevado estivesse neste grau,

Que devia ensinar aos mais simples de espírito
Para ser perfeito neste honrado ofício;
E assim deviam instruir-se um ao outro,
E amarem-se juntos como irmão e irmã.
Também ordenou que
Devia ser chamado Mestre,
A fim de que fosse mais honrado,
Devia então ser assim tratado;
Porém jamais devem chamar o outro de maçon,
No meio do ofício entre eles,
Nem sujeito, nem servidor, meu querido irmão;
Cada qual chamará os demais companheiros com amizade,
Pois de nobres damas nasceram.
Desta forma, pela boa ciência da geometria,
Começou o ofício da maçonaria;
Assim fundou o clérigo Euclides,
Este ofício de geometria em terras do Egito.
No Egito ensinou a todos,
E em distintos países de todas as partes,
Durante muitos anos, conforme ouvi,
Antes de que o ofício chegasse a este país.
Este ofício chegou na Inglaterra, como lhes disse,
Nos dias do bom rei Adelstonus;
Fez, então, construir muitas casas no bosque,
E altos templos de grande renome,
Para deles gozar dia e noite.
Este bom senhor amava muito o seu ofício,
E quis melhorar todas as sua partes,
Pelas muitas falhas que nele encontrou.

Enviou através do país
Dizer a todos os maçons do ofício,
Que viessem a ele sem demora,
Para juntos emendarem tais defeitos
Com bons conselhos, se fosse possível.
Um bom grupo reuniu-se então
De diverso senhores, de sua classe,
Duques, condes e também barões,
Cavalheiros, escudeiros e muitos outros,
E os grandes burgueses da cidade,
Cada um deles em sua própria classe;
Ali estavam todos juntos,
Para fundar o estatuto dos maçons.
Com todo o seu espírito buscavam
Como poderiam ser governados;
Quinze artigos quiseram produzir,
E outros quinze pontos foram criados.

Aquia começa o artigo primeiro

O primeiro artigo desta geometria:
O mestre maçon deve ser digno de confiança
Por sua vez, constante, leal e sincero,
E jamais terá nada que lamentar;
Pagará seus companheiros conforme o custo
Das vitualhas, que bem conheces;
E pagá-os com justiça e boa fé,
O que possam merecer;
E evita, por amor ou por temor,
Que nenhuma das partes aceite vantagens,

Nem do senhor, nem do companheiro, seja quem for,
Deles não aceites nenhum tipo de prebendas;
E como um juiz, mantém-te íntegro,
E então a ambos farás bom direito;
E na verdade faze isto alí onde te encontres,
Tua honra, teu proveito, será o melhor.

O SEGUNDO ARTIGO

O segundo artigo da boa maçonaria,
Como deveis entender especialmente,
Que todo mestre, que seja maçon,
Deve assistir à assembléia geral,
Para o que lhe será comunicado
O lugar em que se celebrará.
E a esta assembléia deve comparecer,
Salvo se houver uma desculpa razoável,
Ou se for desobediente ao seu ofício,
Ou se abandone à mentira,
Ou esteja gravemente enfermo
Que não possa vir a ela;
Esta é uma desculpa boa e válida,
Para esta assembléia, se for sincera.

O TERCEITO ARTIGO

Na verdade, o terceiro artigo é
Que o mestre não tome aprendiz,
Salvo se puder assegurar-lhe alojamento
Com ele, por sete anos, como vos digo,
Para aprender seu ofício,

E que lhe seja de proveito;
Em menos tempo não será apto
Nem proveitoso para seu senhor, nem para ele,
Como podeis compreender por boa razão.

O QUARTO ARTIGO

O quarto artigo deve ser,
Sobre o que o mestre deve vigiar,
Em não tomar um servo como aprendiz,
Nem usa-lo para o seu próprio bem;
Pois o senhor a que está ligado
Pode muito bem buscar aprendiz onde quiser.
Se na loja fosse ensinado
Muita desordem poderia causar,
E em tal caso poderia ocorrer
Que alguns se entristecessem, ou todos.
Pois todos os maçons que serão
Todos unidos estarão.
Se um servo no ofício permanecesse,
De diversas desordens poderia falar-lhes:
Para ter paz, e honestidade,
Tomai um aprendiz de melhor condição.
Num artigo escrito encontro
Que o aprendiz deve ser de nobre nascimento;
E assim, muitas vezes, filhos de grandes senhores
Adotaram esta geometria que é muito boa.

O quinto artigo

O quinto artigo é muito bom,
Que o aprendiz seja de legítimo nascimento;
O mestre não deve, sob nenhum pretexto,
Tomar um aprendiz que não seja conforme;
Isto significa, como podereis ver,
Que todos os seus membros estejam inteiros;
Para o ofício seria grande vergonha,
Formar um homem estropiado ou um coxo,
Pois um homem imperfeito de nascimento
Seria pouco útil ao ofício.
Cada qual pode compreender,
O ofício requer homens potentes,
E um homem mutilado não tem força,
Como sabeis desde há muito tempo.

O sexto artigo

Ao sexto artigo não deveis faltar,
Que o mestre não prejudique seu senhor,
Tomando do senhor para o aprendiz,
Tanto como recebem seus companheiros no total,
Pois neste ofício aperfeiçoaram-se,
Mas ainda não o aprendiz, como compreendereis,
Assim que seria contrário a boa razão
Dar igual salário a ele e aos companheiros.
Este mesmo artigo, em tal caso,
Ordena que o aprendiz ganhe menos
Que seus companheiros, que são perfeitos.
Em diversos pontos, saibam, no entanto,

Que o mestre pode instruir seu aprendiz,
Para que seu salário cresça rapidamente,
E antes de que tenha terminado sua aprendizagem
Seu salário haverá em muito melhorado.

O ARTIGO SETIMO

O setimo artigo, que já está aqui,
Vos dirá a todos vocêss,
Que nenhum mestre, nem por favor, nem por medo,
Deve vestir ou alimentar a nenhum ladrão.
Jamais albergará nenhum deles,
Nem a quem tenha matado a algum homem,
Nem a quem tenha má reputação,
Pois trará vergonha ao ofício.

O ARTIGO OITAVO

O oitavo artigo mostra-nos
O que o mestre tem direito de fazer.
Se emprega um homem no ofício,
E não é tão perfeito como deveria,
Pode sem demora, substituí-lo,
E pôr, em seu lugar, um homem mais perfeito.
Por imprudência, um homem assim
Poderia desonrar o ofício.

O ARTIGO NONO

Muito bem mostra o nono artigo
Que o mestre deve ser forte e sábio;
Que não empreenda nenhuma obra

Que não possa realizar e acabar;
E que seja proveitosa aos seus senhores,
Assim como a sua labor, onde for.
E que essas obras estejam bem construídas,
Para que nem fissuras nem brechas haja.

O décimo artigo

O décimo artigo serve para fazer saber,
A todos os do ofício, grandes ou modestos,
Que nenhum mestre deve a outro subistituir,
Se não estiverem unidos como irmão e irmã.
Neste ofício singular, todos, uns e outros,
Trabalham para um mestre maçon.
Não deve ele suplantar a nenhum homem
Que esteja encarregado de um trabalho.
O castigo por isso será muito duro,
Não vale menos de 10 libras,
A não ser que seja declarado culpavel
Quem antes fazia o trabalho.
Pois nenhum homem na maçonaria
Deve suplantar a outro, impunemente,
Salvo se construiu de tal modo
Que a obra se reduziu a nada;
Pode, então um maçon, pedir este trabalho,
Para não prejudicar o senhor;
Em tal caso, se ocorrera,
Nenhum maçon se oporia.
Na verdade, quem começou a obra,
Se é um maçon hábil e sólido,

Tem a segurança de espírito
De levar a obra a bom fim.

O DECIMO PRIMEIRO ARTIGO

O décimo primeiro artigo, digo-te,
É por sua vez justo e livre;
Pois ensina, com firmeza,
Que nenhum maçon deve trabalhar de noite,
A menos que se dedique ao estudo,
Pelo qual poderá melhorar.

O DÉCIMO SEGUNDO ARTIGO

O décimo segundo artigo é de grande honradez
Pois todo maçom, lá onde se encontrar,
Não deve menosprezar o trabalho de seus companheiros
Se quiser manter sua honra;
Com honestas palavras o aprovará,
Graças ao espírito que Deus lhe têm dado;
Melhorando-o com todo seu poder,
Sem nenhuma dúvida entre os dois.

O DÉCIMO TERCEIRO ARTIGO

O décimo terceiro artigo, que Deus me ajude,
É que se o mestre tem um aprendiz,
Ensiná-lo-á de maneira completa,
Para que muitas coisas possa aprender
E assim melhor conheça suas tarefas,
Ali onde estiver sob o sol.

O décimo quarto artigo

O décimo quarto artigo, com boas razões,
Mostra ao mestre como atuar;
Não deve tomar aprendiz,
A menos que tenha diversas tarefas a cumprir,
Para que possa, enquanto durem,
Aprender muito com ele.

O décimo quinto artigo

O décimo quinto artigo é o último;
Pois o mestre é um amigo;
Ensina que não deve adotar
Nenhum falso comportamento
Perante os outros,
Nem aprovar, dos seus companheiros,
Em erros, por muitos favores que possa receber.
Nem permitir falsos juramentos,
Para não prejudicar suas almas,
Sob pena de trazer vergonha ao seu trabalho,
E sobre sí mesmo uma severa culpa.

Primeiro ponto

Nesta assembleia outros pontos foram adotados,
Por grandes senhores, e por mestres também.
Aquele que queira conhecer este serviço e abraça-lo,
Deve amar a Deus e a sua Santa Igreja sempre,
E ao seu mestre tabém, por aquilo que ele é,
Onde ele estiver, pelos campos ou bosques,

E ama, também, seus companheiros,
Pois isto é o que teu trabalho requer.

Segundo ponto

No segundo ponto, eu vou dizer,
Que o mason trabalhe sua jornada
Com máximo de atenção que ele puder,

Afins de ser merecedor do seu salário o dia de descanso,
Pois aquele que executou bem seu trabalho
Merece sua recompensa.

Terceiro ponto

O terceiro ponto deve ser severo
Com o aprendiz, saibam disso.
Os conselhos do mestre deve guardar e ocultar,
Assim como os de seus bons companheiros;
Dos segredos da camara a ninguém falará,
Nem da loja, seja feito o que for;
Ainda que acredites necessário faze-lo.
A ninguem digas para onde vais;
As palavras ditas na sala, e também as ditas no bosque,
Guarda-as bem, pela tua honra,
Do contrario sobre tí cairá o castigo,
E grande vergonha trarás ao teu trabalho.

Quarto ponto

O quarto ponto nos ensina,
Que nenhum homem ao seu trabalho será infiel,
Nenhum erro o distrairá,
Pois a este renúnciará,
E nenhum prejuizo causará
Ao seu Mestre, nem aos seus companheiros;
E, mesmo que o aprendiz seja tratado com respeito,
Sempre estará sujeito a mesma lei.

Quinto ponto

Quando o masom receba seu pagamento,
Deve aceita-lo humildemente.
Justo é que o Mestre
O adverta, antes do meio dia,
Se não têm intenção de contrata-lo.
Contra esta ordem não pode rebelar,
Se reflexiona bem em seu interesse.

Sexto ponto

O sexto ponto deve ser bem conhecido,
De todos, grandes e modestos,
Pois um tal caso pode ocorrer;
Qque entre alguns maçons, senão todos,
Por inveja ou ódio mortal,
Se instale uma grande briga.
Então, deve o maçom, se puder,
Convocar a ambas as partes num dia,
Mas neste dia não farão as pazes,

Antes de finalizar a jornada de trabalho,
Um dia livre deveis encontrar,
Para dar oportunidade à reconciliação,
Pelo temor de que sendo no dia útil,
A disputa impeça-os de trabalhar;
Procedei de modo que acabe a briga,
Para que permaneçam na lei de Deus.

Setimo ponto

O setimo ponto bem poderia dizer,
Como tão longa é a vida que o Senhor nos dá,
E assim claramente se reconhece,
Que não ficarás com a mulher do teu mestre,
Nem a do teu companheiro, de modo algum,
Sob pena de incorrer no desprezo do ofício;
Nem com a concubina do teu companheiro,
Assim como, não gostarias que fizesse com a tua.
O castigo por isto, sabe-o bem,
É permanecer aprendiz por sete anos completos,
Quem faltar a uma destas prescrições
Deve ser, pois castigado;
Pois grande preocupação poderá nascer
De tão odioso pecado mortal.

Oitavo ponto

O oitavo ponto é, seguro,
Que ainda que algum cargo tenhas recebido,
A teu mestre fica fielmente submisso,
Pois jamais lamentarás este ponto;

Um fiel mediador deves ser
Entre teu mestre e teus companheiros livres;
Faça lealmente, o quanto possas
Para ambas as partes e esta é uma boa justiça.

Nono ponto

O nono ponto dirige-se àquele
Que é o encarregado de nossa sala;
Se vos encontrardes juntos na câmara
Servir um ao outro com tranqüila alegria;
Gentis companheiros deveis sabê-lo,
Cada uma será encarregado por turnos,
Semana após semana, sem nenhuma dúvida,
Todos por sua vez encarregados devem ser,
Para servirem-se uns aos outros, amavelmente,
Como se fossem irmão e irmã;
Ninguém se permitirá os gastos do outro,
Nem se liberará deles em seu benefício,
Pois cada homem terá a mesma liberdade
Neste cargo, como deve ser;
Procura pagar sempre todo homem
A quem tenhas comprado as vitualhas,
A fim de que não te faça nenhuma reclamação,
Nem a teus companheiros, em qualquer grau;
A todo homem ou mulher, seja quem for,
Paga bem e honestamente, assim o queremos;
A teus companheiros darás conta exata
Do bom pagamento que fizeste,
Por receio de colocá-los em aperto

E de expô-los à vergonha.
Sempre contas deves dar
De todos os bens adquiridos,
Dos gastos que tiveres pelo bem dos teus companheiros,
Do lugar, das circunstâncias e do uso;
Estas contas deves dar
Quando te pedirem teus companheiros.

DÉCIMO PONTO

O décimo ponto mostra a boa vida,
Como viver sem preocupações nem pelejas;
Se o maçon leva a má vida
E em seu trabalho não é honesto,
E busca desculpas ruins,
Injustamente poderão difamar seus companheiros
E por tais infames calúnias,
Atrair a vergonha sobre o ofício.
Se assim, a esta desonra,
Não deves favor algum,
Nem mantê-lo em sua má vida,
Pelo medo da ciar em fracasso e conflito;
Mas não lhe dês prazo algum
Até vê-lo citado
A comparecer onde vos pareça;
No local marcado ao agrado ou pela força,
À próxima assembléia o convocareis,
Para comparecer perante seus companheiros;
E se rejeita ali comparecer;
Se lhe fará renunciar ao ofício;

Castigado será de acordo com a lei
Que foi estabelecida nos tempos antigos.

Décimo primeiro ponto

O décimo primeiro ponto é de boa descrição,
Como podes compreender pela boa razão;
Um maçon que conhece bem seu ofício,
Que vê seu companheiro talhar a pedra,
E que a ponto está de rompê-la,
Há de colhê-la tão logo possa,
E mostrar-lhe como corrigi-la;
Para que a obra do senhor não se rompa,
Docemente lhe mostrarás como corrigi-la,
Com boas palavras, que Deus te guarde;
Pelo amor de quem mora no alto,
Com doces palavras nutre sua amizade.

Décimo segundo ponto

O décimo segundo ponto é de grande autoridade,
Onde a assembléia se celebrará,
Haverá mestres, e companheiros também,
E outros muito maiores senhores;
Estará o juiz da comarca,
E também o Prefeito da vila,
E haverá cavalheiros e escudeiros,
E também magistrados, como vereis;
Todas as ordens que ali se adotem
Foram aceitas para serem respeitadas;
Contra qualquer homem, seja quem for,

Que pertença ao ofício belo e livre,
Se alguma querela move contra elas,
Detido será e posto sob vigília.

Décimo terceiro ponto

O décimo terceiro ponto requer toda nossa vontade,
Se fará juramento de não roubar jamais,
Nem ajudar a quem trabalhe neste mau ofício,
Por maior que seja a recompensa,
Deves sabê-lo que pecarás,
Nem pelo seu bem, nem pelo de sua família.

Décimo quarto ponto

O décimo quarto ponto é lei excelente
Para aquele que esteja sob seu temor,
Um bom e verdadeiro juramento deve prestar,
Ao seu mestre e companheiros que aqui estão;
Também fiel deve ser e constante,
A todas as ordens, vá onde vá,
E ao seu senhor leal ao rei,
Acima de tudo há de ser fiel.
Sobre todos estes pontos
Deves prestar juramento;
E o mesmo prestarão todos
Os maçons, de bom grado ou pela força,
Sobre todos estes pontos,
Assim estabelece uma excelente tradição.
E de cada homem averiguaram
Se os põem em boa prática,

Ou se alguém é reconhecido culpado
Sobre um destes pontos em particular;
Que seja procurado, seja quem for,
E que seja levado perante a assembléia.

O DÉCIMO QUINTO PONTO

O décimo quinto ponto é excelente tradição,
Para aqueles que prestaram juramento
A esta ordem, levada à assembléia
De grandes senhores e mestres, como foi dito;
Para os desobedientes, eu sei,
Com a presente constituição,
E com os artigos que foram promulgados,
Pelos grandes senhores e maçons reunidos,
E sendo suas faltas comprovadas,
Diante desta assembléia, com celeridade,
E se não quiserem corrigir-se,
Deverão então abandonar o ofício,
E jurar jamais voltar a exercê-lo.
Salvo se aceitarem emendar-se,
Jamais tomarão parte dele;
E se a isto se recusarem,
Sem demora, o juiz os deterá,
E num calabouço profundo serão encerrados,
Por causa da sua transgressão,
E confiscará seus bens e seu ganho
Em proveito do rei, em sua totalidade,
E tanto tempo ali os deixará
Com aprouver a nosso amado rei.

A arte dos quatro coroados

Oremos agora ao Deus Onipotente,
E a sua radiante Mãe Maria,
A fim de que possamos seguir estes artigos
E os pontos, todos juntos,
Como fizeram os quatro santos mártires,
Que neste ofício tiveram grande estima;
Foram eles, tão bons maçons
Como possa encontrar-se sobre a terra,
Escultores e santeiros também eram,
Por serem dos obreiros, os melhores
E em grande estima o imperador os tinha;
Desejou este que fizessem uma estátua
Que em sua honra se venerasse;
Tais monumentos em seu tempo possuía
Para desviar o povo da lei de Cristo.
Eles, porém, permaneceram firmes na lei de Cristo,
E sem compromissos no seu ofício;
Bem amavam a Deus e seus ensinamentos,
E se haviam dedicado a seu serviço para sempre.
Naquele tempo foram homens de verdade
E retamente viveram na lei de Deus;
Negaram-se a erigir os ídolos
E por muitos benefícios que pudessem reunir,
Não tomaram este ídolo por seu Deus
E recusaram sua construção, apese de sua cólera,
Por não renegar sua verdadeira fé
E crer em sua falsa lei,

Sem demora o imperador os fez prender,
E num profundo cárcere os encerrou;
Mais cruelmente os castigava,
Mais na graça de Deus se regozijavam.
Vendo então que nada podia
Deixou-os ir à morte;
Quem quiser, no livro pode ler
Da lenda dos santos,
Os nomes do quatro coroados.
Sua festa é bem conhecida por todos,
O oitavo dia após Todos os Santos.
Escutai o que tenho lido,
Que muitos anos depois, com grande espanto,
O dilúvio de Noé foi desencadeado,
A torre de Babilônia começou a erigir-se,
A maior obra de cal e pedra
Que jamais homem algum tinha visto;
Tão alta e grande foi pensada
Que sete mil sua altura sombra arrojava;
O rei Nabucodonosor a fez construir
Tão potente para a defesa dos seus homens,
Que se um tal dilúvio ocorresse,
A obra não poderia submergir;
Mas tão fero orgulho tinham e tanta jactância,
Que todo o trabalho se perdeu;
Um anjo castigou-os dividindo suas línguas
E assim nuca mais um ao outro se compreenderam.
Muitos anos mais tarde, o bom clérigo Euclides
O ofício da geometria ensinou pelo mundo

E neste tempo fez também,
Diversos ofícios em grande número.
Pela alta graça de Cristo no céu
As sete ciências fundou;
Gramática é a primeira, o sei
Dialética, a segunda, congratulo-me,
Retórica, a terceira, que não se negue,
Música, a quarta, vos digo,
Astronomia é a quinta, por minhas barbas,
Aritmética, a sexta, sem dúvida alguma,
Geometria, a sétima e encerra a lista,
Pois é muito humilde e cortês.
Em verdade, a Gramática é a raiz,
Todos a aprendem no livro;
Mas a arte supera este nível,
Como da árvore, o fruto é melhor do que a raiz;
A retórica mede uma linguagem esmerada,
E a música é um suave canto;
A astronomia dá o nome, querido irmão,
A aritmética demonstra que uma coisa é igual a outra,
A geometria é a sétima ciência,
E distingue a verdade da mentira, o sei;
Quem destas sete ciências se sirva,
Bem pode ganhar o céu.
Agora, meus queridos filhos, tende bom espírito
Para apartar o orgulho da cobiça,
E aplicai-vos a bem julgar,
E a bem conduzir-vos, lá onde estiveres.
Peço-vos agora, muita atenção,

Pois isto deveis saber,
Muito melhor ainda
Que como aqui está escrito.
Se para isto te falta inteligência,
Pede a Deus que te conceda;
Pois o mesmo Cristo nos ensina
Que a Santa Igreja é a casa de Deus,
E não para outra coisa está feita
Senão para orar, como a Escritura nos disse;
É ali onde o povo deve congregar-se
Para orar e chorar seus pecados.
Trata de não chegar tarde à igreja,
Por ter havido na porta palavras libertinas;
Quando a ela estiveres a caminho,
Tem em mente, a todo momento,
Venerar teu senhor Deus dia e noite,
Com todo o teu espírito e toa tua força.
Ao chegar à porta da igreja
Tomarás um pouco da água benta,
Pois cada gota que toques, limpará um pecado venial,
Antes, porém, deves descobrir tu a cabeça,
Pelo amor daquele que morreu na cruz.
Quando entrares na igreja,
Eleva teu coração a Cristo;
Alça pois os olhos para a cruz,
E ajoelha-te sobre os dois joelhos;
Ora então, para que Ele te ajude a trabalhar,
Segundo a lei da Santa Igreja,
E a guardar os dez mandamentos

Que Deus a todos os homens deu.
E roga-lhe com voz doce
Que te livre dos sete pecados,
A fim de que nesta vida possas
Manter-te afastado de preocupações e brigas;
E que te dê, além do mais, a graça
Para receber um lugar na beatitude do céu.
Na santa igreja, abandona as palavras frívolas
Da linguagem lasciva e das brincadeiras obscenas,
E deixa de lado toda vaidade,
E diga o teu Pai Nosso e tua Ave Maria;
Vigia para não fazer ruído,
Mas esteja sempre em oração;
Pois se não quiseres rezar,
Não molestes o próximo de maneira alguma.
Neste lugar não estejas nem de pé nem sentado,
Senão no solo bem ajoelhado,
E quando eu ler o evangelho,
Ergue-te, sem apoiar-te nas paredes,
E persigna-te, se sabes fazê-lo,
Quando se entoar o *gloria tibi;*
E quando acabar a leitura,
Novamente podes ajoelhar-te,
E cair sobre os teus joelhos,
Por amor a quem a todos nos redimiu;
E quando ouvires soar a campainha
Que anuncia o santo sacramento,
Deveis ajoelhar-vos, jovens e velhos,
E elevar as mãos ao céu,

Para então dizer nesta atitude,
Em voz baixa e sem fazer ruído:
"Senhor, Jesus, sê bem vindo,
Em forma de pão, como te vejo,
Agora, Jesus, por teu santo nome,
Protege-me do pecado e da culpa;
Dá-me a absolvição e a comunhão,
Antes que me vá daqui,
E sinceramente me arrependo dos meus pecados,
A fim, Senhor, de que jamais morra neste estado;
E tu, que de uma virgem nasceste,
Não sofras por que me haja perdido,
Mas quando deste mundo partir
Outorga-me a beatitude sem fim;
Amém! Amém! Assim seja!
E agora, doce dama, orai por mim".
Eis aqui o que deves dizer, ou algo parecido,
Quando te ajoelhes ante o sacramento.
Se buscas teu bem, não poupes nada
Para venerar a quem tudo criou;
Pois para um homem é um dia de alegria,
Que uma vez, esse dia, possa vê-lo;
É algo tão precioso, em verdade,
Que ninguém pode dar-lhe preço,
Pois tanto bem faz essa visão,
Como disse santo Agostinho, muito justamente,
O dia em que vires o corpo de Deus,
Possuirás estas coisas, com toda segurança:
Comer e beber o suficiente,

Nada nesse dia te faltará;
Os juramentos e as vãs palavras,
Deus também te perdoará;
A morte sofrida nesse mesmo dia
Em absoluto hás de temê-la;
Tampouco, esse dia, te prometo,
Perderás a vista;
E cada passo que então deres,
Para ver esta santa visão,
Será contado em teu favor;
Quando dele tiveres necessidade;
Este mensageiro que é o anjo Gabriel
Exatamente os conservará.
Após isto, agora podes passar
E falar de outros benefícios da missa;
Venha então à igreja, se puderes,
E ouve a missa cada dia;
Se não puderes chegar à igreja,
Ali onde estás trabalhando,
Quando ouvires soar a missa,
Ora a Deus no silêncio do teu coração,
Para que te dê parte neste serviço
Que na igreja se celebra.
Quero ademais ensinar-te,
E aos teus companheiros,
Quando diante de um senhor te apresentes,
Numa casa, no bosque ou à mesa,
O chapeu ou o gorro deves tirar,
Antes de estar frente a ele;

Duas ou três vezes, sem dúvida,
Diante do senhor deves inclinar-te;
Dobrarás também o joelho,
E terás assim salvo tua honra.
Não ponhas o gorro ou o chapeu
Até que te dê permissão.
Todo tempo que fales com ele
O queixo alto com franqueza e amabilidade mantém;
Assim, como o livro te ensina,
Olha o rosto com gentileza.
Teus pés e mãos tenha-os tranqüilos,
Sem arriscar-te, nem tropeçar, sejas hábil;
Evita também espirrar e assoar o nariz,
Espera estar só para faze-lo,
E se quiseres ser sábio e discreto,
Grande necessidade tens de governar-te.
Ao entrares na sala,
Entre pessoas bem nascidas, boas e corteses,
Não presumas de nada,
Nem do nascimento, nem do teu saber,
Nem te sentes, nem te apoies,
É o sinal de uma boa e apropriada educação.
Não te deixes levar em tua conduta,
Na verdade a boa educação salvará a situação.
Pai e mãe, sejam quais forem,
Digno é o filho que atua dignamente,
Na sala, na câmara, onde te encontres;
As boas maneiras fazem o homem.
Presta atenção à classe do teu próximo,

Para dirigir-lhe a reverência que convém;
Evita saudar todos de uma vez,
Exceto se os conheces.
Quando à mesa sentado estiveres,
Come com graça e decoro;
Vigia que tuas mãos estejam limpas,
E que tua faca seja cortante e afiada
E não cortes mais pão para carne
Do que aquele que posas comer;
Se assim atuares junto a um homem de classe superior,
Bem então terás feito.
Deixe que ele se sirva primeiro da comida,
Antes que você
Não pegues o melhor pedaço,
Ainda que ele o indique a ti.
Mantém as mãos limpas e decentes,
Para não ter de usar o guardanapo;
Não o uses para assoar-te o nariz,
Nem te limpes os dentes à mesa;
Nem molhes muito os lábios no copo,
Ainda que tenhas muita sede;
Isto te faria lacrimejar,
O que não é demasiado cortês.
Cuida de não ter a boca cheia
Quando vais falar ou beber;
Se vês que alguém bebe
Ouvindo tuas palavras,
Interrompe logo tua história,
Para que beba o vinho ou a cerveja.

Cuida para não ofender ninguém,
Por inflamado que estejas;
De ninguém murmures
Se queres salvar tua honra;
Pois lançar tais palavras
Em incômoda situação te porias.
Retém tua mão no punho
Para evitar dizer: "se soubesse",
No salão, entre belas damas,
Amarra tua língua e seja todo olhos;
Não rompas em gargalhada,
Nem armes discussão com um velhaco.
Não brinques se não for com teus semelhantes,
E não contes a todos o que ouviste;
Nem te vanglorie dos teus atos,
Em brincadeira ou por interesse;
Com belos discursos podes realiza teus desejos,
Mas também podes deixá-los perder.
Quando encontrares um homem de valor,
Não deves levar o gorro, nem a capucha;
Na igreja, no mercado ou na porta,
Comprimenta-o de acordo com sua classe.
Se andas com alguém de uma classe
Superior a tua,
Vai por detrás dele,
Pois isto é de boa educação e sem falta;
Quando ele fala, fique tranqüilo,
Quando acabar, diga o que queiras,
Em tuas palavras sê discreto,

E ao que diga presta atenção;
Mas não interrompas sua história,
Ainda que seja devido ao vinho ou à cerveja.
Que Cristo então, por sua graça celestial,
Conceda o espírito e o tempo,
Para compreender e ler este livro,
A fim de obter o céu em recompensa.
Amém! Amém! Assim seja!
Digamos todos, por caridade.

O Manuscrito Iñigo Jones

O manuscrito "Iñigo Jones" foi publicado pela primeira vez em forma completa no Maçonic Magazine de julho de 1881. Seu título completo é: "The Antient Constitution of the Free and Accepted Masons" e está datado em 1607; na página oposta ao título há uma ilustração alegórica ao Ofício da Construção, em cujo pé figura a inscrição "Iñigo Jones" delin–MDCVII.

O arquiteto inglês Iñigo Jones nasceu em 1573, foi enviado à Itália para estudar e retornou à Inglaterra em 1605; desde essa data até a sua morte, ocorrida em 1653, dedicou-se à construção para a nobreza. Desse modo, parece plausível que o manuscrito tenha sido obra das sua mãos, a data coincide cronologicamente e poderia supor-se que fora feito por Jones a pedido de seus patrões. Não obstante, existem bastantes argumentos contrários a estas considerações. Por exemplo, se bem que as figuras da ilustração estejam bem desenhadas, a perspectiva das pedras, o pedestal e os fragmentos de uma coluna arruinada estão tão pobremente desenhados que seria impossível que um consumado artista e arquiteto como foi Iñigo Jones pudesse ser seu autor. Além de que, a escritura parece corresponder escassamente à data consignada; o tipo de escritura do manuscrito corresponde mais a meados do séc. XVIII que de princípios do XVII. E finalmente, além dos aspectos que poderíamos denominar artísticos, desde o próprio texto surgem também alguns elementos críticos. Por tudo isso, desde sua publicação, em 1887, a controvérsia acerca deste manuscrito foi grande, inclinando-se a maioria dos especialistas para a opinião de que foi redigido pelo menos cem anos depois da data marcada.

O manuscrito original foi vendido em 12 de novembro de 1879, em Londres, pela firma Pickering e Cia, logo revendido ao Rev. A .F. A . Woodford, com sua morte comprou-o um tal George Kenning, de quem o comprou o maçom George Taylor, que o transferiu para a Worcester Masonic Library, em cuja custódia encontra-se atualmente.

O Manuscrito Iñigo Jones

Antiga constituição dos maçons livres e aceitos
1607

Que o poder do Pai dos Céus e a Sabeoria do Seu Glorioso Filho, através da graça e bondade do Espírito Santo, três pessoas distintas e Um só Deus, estejam conosco e nos dêem graças para governarmos aqui em nossa vida e que possamos chegar a sua beatitude que nunca terá fim. Amém.

Irmãos e companheiros, nosso propósito é contar-vos como e de que maneira começou este digno ofício da maçonaria e, depois, como foi mantido e fomentado por dignos reis e príncipes e por muitos outros homens dignos.

Também, aos presentes, nós os encarregamos de cumprir os deveres que todo maçom livre deve cumprir. Se prestarem atenção de boa-fé, serão dignos de serem bem tratados, pois a maçonaria é um ofício digno, uma ciência curiosa e uma das ciências liberais.

Os nomes das sete ciências liberais são:

I. A Gramática, que ensina o homem a falar e escrever corretamente.

II. A Retórica, que ensina o homem a falar bem e em termos suaves.

III. A Lógica, que ensina o homem a discernir entre a verdade e a falsidade.
IV. A Aritmética, que ensina o homem a calcular e contar toda classe de números.
V. A Geometria, que ensina o homem a mensurar a medida da terra e de todas as outras coisas; cuja ciência é chamada Maçonaria.
VI. A Música, a qual dá ao homem a habilidade para cantar, ensinando-lhe a arte da composição e tocar diversos instrumentos, como o órgão e a harpa.
VII. A Astronomia, a qual ensina o homem a conhecer o curso do sol, a lua e as estrelas.

Nota. Estas sete estão contidas sob a geometria, pois esta ensina medida e mensura, ponderação e peso, para cada coisa na terra e sobre toda a terra. Todo homem de ofício trabalha pela medida. Armadores, navegantes, cultivadores, todos eles usam geometria, pois nem a gramática, a lógica e nenhuma das mencionadas ciências podem subsistir sem geometria, por isso é muito digna e honorável.

Se perguntardes como essa ciência foi inventada, esta é minha resposta:

Antes do dilúvio universal, que comumente é chamado inundação de Noé, havia um homem chamado Lamec, tal como se pode ler no capítulo IV do Gênesis, que tinha duas esposas, uma chamada Ada e a outra Zilá; com Ada teve dois filhos, Jabal e Jubal; com Zilá teve um filho chamado Tuba e uma filha Naamah. Os quatro filhos fundaram o começo de todos os ofícios do mundo: Jabal fundou a geometria e dividiu rebanhos de ovelhas, primeiro construiu uma casa de pedras e troncos.

Seu irmão, Jubal, fundou a arte da música, era ele o pai de todos os que vibram a harpa e o órgão.

Tubal-Caim era o instrutor de todo artífice em bronze e ferro e a filha fundou a arte do tecido.

Estes filhos sabiam bem que Deus empreenderia vingança pelo pecado ou pelo fogo ou pela água; por isso escreveram as ciências que haviam fundado em duas colunas, que seriam encontradas depois da inundação de Noé.

Uma das colunas era de mármore, por isso não seria queimada por nenhum fogo, e a outra pedra era *laternes* (latomus? Ladrilho?). Pelo que não seria inundada por água alguma.

Nosso seguinte intento é contar-lhes veridicamente como e de que maneira estas pedras foram encontradas e como estas ciências estavam escritas nelas.

O grande Hermes, chamado Trismegistus, ou três vezes grande, sendo por sua vez rei, sacerdote e filósofo, no Egito, encontrou uma delas e viveu no ano do mundo 2076, no reino de Ninus, e alguns pensam que era neto de Cush, que era neto de Noé; foi ele o primeiro que começou a abandonar a astrologia para admirar as outras maravilhas da natureza; provou que havia um Deus, criador de todas as coisas, e dividiu o dia em doze horas.

Pensa-se também que foi ele o primeiro que dividiu o Zodíaco em doze signos; ele era Osíris, rei do Egito; e dizem que havia inventado a escritura ordinária e os hierogrifos, a primeira lei dos egípcios e diversas ciências e as ensinou a outros homens.

Durante a construção de Babilônia, muito fez a maçonaria; e o rei de Babilônia, o poderoso Nimrod em pessoa, era maçom, tal como o contam antigas histórias, e quando a cidade de Nínive e outras cidades do Oriente tiveram que ser construídas, Nimrod, o rei da Babilônia, para lá enviou maçons ante o pedido do rei de Nínive, seu primo; e quando ele os enviou, deu-lhes um dever desta maneira.

Que seriam sinceros uns com os outros e se amariam verdadeiramente; e que serviriam ao senhor sinceramente por seu pagamento, que seu mestre seria honrado em tudo o que lhe diz respeito, e muitos outros deveres ele lhes deu; e esta foi a primeira vez que cada maçom teve algum dever de seu ofício.

Além do mais, quando Abraão e Sara, sua esposa, foram ao Egito e ali ensinaram as sete ciências aos egípcios, ele teve um digno aluno cujo nome era Euclides e ele aprendeu muito bem e se converteu num grande mestre das sete ciências; e em seus dias aconteceu que os senhores e os estados da região tinham muitos filhos; e eles não tinham meio de vida decente para seus filhos.

Por isso buscaram conselho junto ao rei da terra de como poderiam eles colocar seus filhos honestamente como cavalheiros, mas não podiam encontrar bons modos de vida e então eles proclamaram por todo o país que se houvesse algum homem que pudesse instruí-los, que seria recompensado pela sua viagem e matido.

Logo que este apelo foi feito, veio o digno clérigo, Euclides, e disse ao rei e aos senhores:

Se vocês me dão seus filhos para educar, eu os ensinarei uma das sete ciências, qualquer que seja em que possam viver honestamente como devem fazê-lo os cavalheiros; sob a condição de que vocês os dêem a mim e que eu tenha poder para regê-los, conforme a maneira como deve ser regida essa ciência, e que o rei e o conselho imediatamente ratifiquem e selem esta comissão; e então este digno clérigo Euclides levou consigo os filhos dos senhores e ensinou-lhes a ciência da geometria, na prática, para trabalhar com pedra, toda forma de trabalho digno, que corresponde à construção de igrejas, templos, torres, castelos e toda outra classe de edifícios; e ele lhes deu um dever desta maneira.

Primeiro que seriam sinceros com o rei e com o senhor aos quais serviam; e à companhia para a qual fossem admitidos; e que se amariam e seriam sinceros uns com os outros; e que se chamariam entre si companheiros ou irmãos; e não seu servente ou criado, nem por nenhum outro nome tonto; e que eles realmente mereceriam seu pagamento do senhor; ou do mestre de obras a quem serviam.

Que ordenariam ao mais sábio deles para ser o mestre de obras; e que, nem por amor ou por linhagem, riquezas ou favores, colocariam outro que tivesse pouca habilidade, para ser mestre das obras do senhor; e que também chamariam de mestre ao governador dos trabalhos no tempo em que trabalhassem com ele.

E muitos outros deveres ele lhes deu, que são muito extensos para contar, e sobre todos estes deveres ele os fez jurar uma grande promessa, que os homens costumavam naquele tempo.

E ele ordenou um razoável pagamento, para que, onde quer que estivessem, vivessem honestamente; e também que viriam e se reuniriam todos os anos, uma vez, para instruir-se sobre como deveriam trabalhar melhor para servir o senhor, para seu proveito, e para seu próprio crédito e para corrigirem-se entre eles se alguém delinquiu durante o ofício.

E assim o ofício assentou-se ali, e aquele digno clérigo Euclides deu-lhe o nome de geometria; e agora é chamada em toda terra Maçonaria.

Muito tempo depois disso, quando os filhos de Israel chegaram à terra dos jebusitas, agora chamada Jerusalém, o rei Davi começou o templo que é chamado templo do senhor, por nós o templo de Jerusalém, o templo do senhor.

O famoso rei Davi amava os maçons e os protegia e dava-lhes bom pagamento. E ele lhes deu os deveres da maneira que se davam no Egito, por Euclides, e outros deveres mais, tal como você os ouvirá depois.

Depois da morte do rei Davi, Salomão mandou a Hiram, rei de Tiro, procurar por alguém que fosse um hábil trabalhador, chamado Hiram Abif, filho de uma mulher da linhagem de Neftali e de Urias, o israelita.

SALOMÃO A HIRAM, O REI

Sabes tu, que meu pai, tendo o desejo de construir um templo a Deus, foi afastado da sua realização pelas contínuas guerras e problemas que teve; pois nunca tomou descanso, tanto vencera seus inimigos como os fizera tributários dele. Da minha própria parte agradeço a Deus pela paz que possuo; e por ele, pelos mesmos meios, tenho a oportunidade (de acordo com meu próprio desejo) de construir um templo a Deus; porque é como me contava meu pai, que sua casa seria construída durante meu reino. Ele também desmoronou o segundo templo, que havia sido terminado no reino de Dario, e mandou mil carruagens para tirar as pedras do lugar; e escolheu 10 mil hábeis e expertos trabalhadores para cortar e modelar pedra; um mil ele os escolheu e os fez mestres e diretores dos trabalhos; e construiu um novo templo sobre os fundamentos que Salomão havia feito, não inferior ao primeiro; e terminou nove anos antes do nascimento do mestre salvador.

Por cuja causa, eu te rogo, envia-me alguns dos teus hábeis homens com meus servos aos bosques do Líbano para cortar árvores nesse lugar; pois os macedônios são mais hábeis em cortar e preparar troncos, que nosso povo; e eu pagarei os cortadores de madeira de acordo com tua direção.

Hiram ao rei Salomão

Tens motivo para agradecer a Deus; em ti ele deixou o reino do teu pai em tuas mãos; a ti eu digo que és um homem sábio e cheio de virtude; por cuja causa, nenhuma notícia que me chegue pode ser melhor, nem ofício de amor mais estimado do que este.

Cumprirei tudo o que pediste: pois tão logo houver cortado uma grande quantidade de cedros e madeiras do Líbano, eu te enviarei por mar, pelos meus servos; a quem ordenarei, e proverei com navios convenientemente preparados, até que a cabem de entregar os mesmos no local do teu reino que mais te agrade a ti; de onde teus súditos possam transportá-los a Jerusalém. Tu proverás para surtir-nos com grãos, quando estivermos em necessidade, devido ao fato de habitarmos numa ilha.

Salomão, o filho do rei Davi, para terminar o templo que seu pai havia começado, chamou por maçons em diversos países, de modo tal que ele teve 80 mil trabalhadores que eram trabalhadores da pedra e todos eram chamados maçons e ele escolheu três mil deles para serem mestres e governantes do seu trabalho.

E Hiram, rei de Tiro, enviou seus serventes a Salomão, pois sempre amou o rei Davi; e ele enviou troncos a Salomão e trabalhadores para ajudar na construção do templo; e ele enviou um, que era chamado Hiram Habif, o filho de uma viúva da linhagem de Neftali; ele era mestre de geometria, e eram seus maçons, escultores, gravadores, trabalhadores e fundidores de bronze e todos os outros metais que eram usados no templo.

O rei Salomão confirmou todos os deveres e maneiras, que seu pai havia dado aos maçons; assim era o digno trabalho da maçonaria, confirmado em Jerusalém e em muitos outros reinos. E terminou o templo no ano do mundo MMM.

Inquietos homens do ofício viajaram amplamente por diversos países; alguns para aprender mais habilidades do ofício, outros para ensinar aos que possuíam poucas habilidades.

O segundo templo começou no reino de Ciro, IXX anos depois da destruição, sendo este posterior; este ficou XVI anos em construção e foi terminado no reino de Dario.

No reino de Ptolomeu e Cleópatra, Onías construiu um templo judeu no Egito, no lugar chamado Bubastiss e chamado depois por seu próprio nome.

A torre de Straton (aliás Caesaria), construída por Herodes na Palestina e muitos outros curiosos trabalhos de mármore, como o templo de César Agripa em sua memória, no país chamado Lenodoras, próximo de um lugar chamado Panion.

Depois do nascimento do nosso salvador, Aururiagus, sendo rei da Bretanha, Cláudio, o imperador, chegou com um exército; e temendo ser superado, fez uma aliança com ele; e lhe deu sua filha em matrimônio; e que apoiaria seu reino de romanos e assim o imperador retornou. No ano de XLIII, do nascimento de Cristo, os maçons foram à Inglaterra e construíram um bom mosteiro próximo a Glassembury, com muitos castelos e torres.

Esta suntuosa arte da geometria; foi professada por imperadores, reis, papas, cardeais e inumeráveis príncipes, os quais, todos eles, dela nos deixaram monumentos permanentes em muitos lugares dos seus domínios; isso não se nega, presumo eu. Esse famoso exemplo da coluna trajana, sendo um dos mais soberbos que restaram da magnificência romana e que ainda estão de pé; que mais imortalizou o imperador Trajano que todas escritas dos historiadores. Esta foi erigida para ele pelo Senado e o povo de Roma; em memória daqueles grandes serviços que rendera ao país e, por fim, a memória deste poderá permanecer para todas as idades sucessivas; e continuará tanto como o próprio império em si mesmo.

Nos tempos de santo Albano, o rei da Inglaterra era um pagão, que levantou muros na cidade e foi chamado Verulum; e santo Albano era um digno cavalheiro e mordomo da casa do rei; e obteve o governo da região e também dos muros da cidade, amava os maçons e muito os protegia. Fazia seus pagamentos corretamente, mantendo os costumes da região; pagava-lhes três xelins por semana, pois em todo o país, um maçom não ganhava mais que um xelin.

E ele lhes deu uma carta constitucional do rei para manter um conselho anual que lhe deu o nome de assembléia, e ali esteve pessoalmente e ajudou a fazer maçons e lhes atribuiu deveres para que se mantivessem posteriormente.

Isto de fato ocorreu depois do martírio de santo Albano, que é sinceramente o proto-mártir da Inglaterra; que certo rei invadiu a terra e destruiu a maioria dos nativos por fogo e espada. Que as ciências da maçonaria haviam decaído muito, até o reino de Etelberto, rei de Kent; Gregório I apelidado Magnus, enviou à ilha de Bretanha um monge, junto com outros homens instruídos, para pregarem a fé cristã pois até agora esta nação não a havia recebido por completo. O referido Etelberto construiu uma igreja em Canterbury dedicada a São Pedro e São Paulo; e supõe-se que construiu ou restaurou a igreja de São Paulo em Londres: ele também construiu a igreja de SantoAndré em Rochester.

Siberto, rei dos saxões do leste, por persuasão de Etelberto, rei de Kent, tendo recebido a fé cristã construiu o mosteiro de Westminster, em honra a Deus e São Pedro.

Sigeberto, rei dos rincões do leste, começou a erigir a universidaaade de Cambridge.

Athelstane começou seu reinado; ele era um homem amado por todos os homens, tinha grande devoção pelas igrejas, como aparece na edificação, adorno e enriquecimento dos mosteiros. Construiu um em Wilton, na diocese de Salisbury, outro em Michelney, em Somersetshire; alén desses, havia alguns poucos famosos mosteiros nessa região, que adornaram sua fama, tanto como alguma parte nova de edificação, jóias, livros ou porções de terras. Ele enriqueceu grandemente a igreja de Iorque.

Edwyn, irmão do rei Athelstane, amava as os maçons muito mais do que seu irmão e era um grande praticante da Geometria; acercou-se pessoalmente dos comuns e conversou com os maçons, para aprender o ofício; e logo, pelo amor que tinha pelos maçons e ao ofício, foi feito maçom e obteve do seu irmão uma carta constitucional e comissão para ter uma assembléia; para ir na região uma vez por ano; para corrigirem-se entre eles, faltas e transgressões que fossem cometidas dentro do ofício, e ele teve uma assembléia em York; e ali fez maçons, atribuiu-lhes deveres e ensinou a maneira; e ordenou que essa regra se mantivesse para sempre; e deu-lhes a carta constitucional.

E comissão para manter-se; e instituiu uma ordem que seria renovada de rei a rei. E quando a assembléia reuniu-se, ele fez um pregão: que todos os antigos maçons e os jovens, que tivessem algum escrito ou conhecimento dos deveres e costumes que houvessem sido feitos anteriormente no país ou em qualquer outro lugar, que os trouxessem e os mostrassem. E comprovou-se que se encontraram alguns em francês, alguns em grego, alguns em inglês e outros em varios outros idiomas; e todos eram de uma só intenção e propósito; e com eles fez um livro acerca de como foi fundado o ofício; e ele, em pessoa, ordenou que fosse lido ou narrado, quando se fizesse um novo maçom e, também para atribuir-lhe seus deveres; e desde esse dia até este tempo, os costumes dos maçons foram mantidos dessa forma, do mesmo modo que os homens que devem governá-los.

Além do mais, em diversas assembléias, certos deveres foram feitos e ordenados, para o melhor conhecimento de mestres e companheiros.

Todo homem que é um maçom tome muito cuidado com estes deveres. E se algum homem encontra-se culpado em algum destes cargos, deve emendar-se e pedir a deus por sua graça; especialmente os que estarão encarregados. Tome bastante cuidado para manter este dever muito bem, pois é grande perigo para um homem perjurar sobre um livro.

O primeiro dever é este, que você será um homem sincero com Deus e a Santa Igreja.

O segundo dever, que você não caia em heresia voluntariamente; ou passará para inovações, senão que será um homem sábio e discreto em todas as coisas.

O terceiro dever, que não será desleal; nem se confederará em grupos traiçoeiros; mas se escutar alguma traição contra o governo, deverá denunciá-la se você não puder evitá-la de outra maneira.

O quarto dever, que serão sinceros uns com os outros, quer dizer, com cada maçom do ofício da maçonaria, que sejam maçons autorizados; você fará a eles o que quiser que eles façam a você.

O quinto dever, que você guardará qualquer conselho de seus companheiros sinceramente, seja na loja ou na câmara, e todos os outros conselhos que devam ser guardados à maneira da irmandade.

O sexto dever, que nenhum maçom seja um ladrão ou esconda algum deles ou alguma ação injusta, inclusive de que seja testemunho ou disso tenha conhecimento.

O sétimo dever, é: que todo maçom autorizado seja sincero com o senhor ou mestre a quem eles servem e que o sirvam fielmente para seu benefício.

O oitavo dever, diz que você chamará o maçom, de companheiro ou irmão, sem usar com ele alguma linguagem (seuriluus).

O nono dever é: que você não desejará nenhuma comunicação ilícita com a esposa do seu companheiro; nem pôr um olho libertino sobre sua filha, com desejo de corrompê-la; nem a sua donzela servente ou alguma esposa que lhe falte com o respeito.

O décimo dever: que você pagará sincera e honestamente pela carne e bebida em sua mesa; de forma que o ofício não seja por isso caluniado.

Estes são os deveres que em geral correspondem a todo maçom livre manter, para mestres e companheiros. Repetirei outros deveres singulares para mestres e companheiros.

Primeiro. Que nenhum mestre ou companheiro tomará sobre si nenhum trabalho de nenhum senhor, nem nenhum outro trabalho de outro homem, a menos que se saiba capaz e suficiente para realizá-lo, de maneira que o ofício não receba injúrias nem falta de respeito ali, senão que o senhor seja bem e lealmente servido.

Segundo. Que nenhum mestre tomará algum trabalho que não seja razoável, de modo que o senhor seja bem servido e que o mestre tenha o suficiente para viver decorosa e honestamente e dar a seus companheiros seus verdadeiros pagamentos, como é o costume.

Terceiro. Que nenhum mestre ou companheiro suplantará a nenhum outro em seu trabalho, quer dizer, se o outro tomou o trabalho em mãos, ou está como mestre para o trabalho de algum senhor; ele não o tomará em suas mãos para prejudica-lo ou causar-lhe dano, exceto se ele for incapaz de ter habilidade para realizar o trabalho.

Quarto. Que nenhum mestre, nem companheiro tomará algum aprendiz se não for pelo tempo completo de sete anos; e o aprendiz será capaz por nascimento, quer dizer, livre ao nascer e de membros perfeitos como dever ser um homem.

Quinto. Que nenhum mestre ou companheiro dará autorização, nem subornará nenhum homem, para que se faça maçom sem o assentimento, confissão e conselho dos seus companheiros; e que aquele que venha a ser maçom, seja capaz de todas as maneiras e graus, quer dizer, nascido livre; que venha de uma boa linhagem, certo, não distorcido, e que tenha seus membros direitos, como deve ter um homem.

Sexto. Que nenhum mestre ou companheiro tomará um aprendiz a menos que tenha suficiente ocupação para pô-lo no trabalho. Não apenas este, mas também colocar três dos seus companheiros, ou pelo menos dois, no trabalho.

Setimo. Que nenhum mestre ou companheiro tomará trabalho de homens por empreitada, que use trabalho de diarista.

Oitavo. Que cada mestre dará pagamento a seus companheiros de acordo com o que mereçam, de forma que não fique decepcionado com trabalhadores falsos.

Nono. Que nenhum homem caluniará outro pelas costas, para fazê-lo perder seu bom nome, e também fazê-lo sofrer em seu modo de vida.

Décimo. Que nenhum companheiro, dentro ou fora da loja, responderá mal ou falará com outro com linguagem de reprovação, sem alguma causa razoável.

Décimo primeiro. Que todo maçom reverenciará seu superior e o tratará com respeito.

Décimo segundo. Que nenhum maçom será um jogador comum de azar dos dados ou das cartas, ou de nenhum outro jogo ilegal pelo que o ofício possa ser caluniado.

Décimo terceiro. Que nenhum maçom seja um luxurioso comum, nem mexeriqueiro, nem desonesto pelo que o ofício possa ser caluniado.

Décimo quarto. Que nenhum companheiro vá à cidade ou povoado à noite, sem que tenha algum outro com ele para testemunhar que esteve em lugares honestos.

Décimo quinto. Que cada mestre e companheiro deverá comparecer à assembléia, se não estiver a mais de 50 milhas de distância dele. Se ele tiver alguma advertência ou se houvesse transgredido contra o ofício, então aguardará o julgamento dos mestres e companheiros e lhe darão satisfação de acordo; mas se não se submeter a um julgamento razoável; então será encaminhado à lei comum.

Décimo sexto. Que nenhum mestre ou companheiro construirá nenhum molde ou esquadro, ou régua ou pedra de molde (bloco) a não ser aquéles que são permitidos pela fraternidade.

Décimo sétimo. Que cada maçom receberá e cuidará de companheiros estrangeiros que venham ao país, e os colocarão para trabalhar, se é esse seu desejo conforme o costume, quer dizer, se é que tem pedras para moldar em seu lugar, senão ele os ajudará com dinheiro para aproximá-los da loja mais perto.

Décimo oitavo. Que todo maçom servirá sinceramente seu senhor por seu pagamento e cada mestre levará sinceramente seu trabalho ao final; seja este por tarefa ou diária, se ele tem sua demanda, e tudo o que ele deve ter.

Estes deveres, que agora repetimos a você e a todos os outros que pertencem aos maçons, você os manterá.
Assim. Deus o ajude e o Itallidom[3].

Fim.

---

3. Palavra de difícil etimologia. Possivelmente uma deformação de palavras do inglês antigo tais como: halidome, halidom, hallidome, hallidame etc. Quase todas antecedentes de holy dame, em inglês moderno, pelo que poderia referir-se à Virgem Maria.